KB218026

유대 국가

# 유대 국가

## 유대인 문제의 현대적 해결 시도

*Der Judenstaat — Versuch einer modernen Lösung der Judenfrage*

테오도르 헤르츨 지음

이신철 옮김

도서출판 b

| 일러두기 |

1. 이 번역은 그 저본으로 Theodor Herzl, *Der Judenstaat—Versuch einer modernen Lösung der Judenfrage*, Manesse Verlag, Zürich, 1988을 사용하였다.
2. 원본에서 이탤릭체로 된 강조는 번역에서는 **고딕체**로 표시했다.
3. 본문에서의 각주는 모두 다 옮긴이의 것이다.
4. 본문 중의 단어의 앞에 위첨자로 표시된 [52]와 같은 숫자들은 번역 저본의 쪽수를 가리킨다.

# | 차 례 |

# 머리말

|5|내가 이 글에서 상세히 논의하는 사상은 매우 오래된 것이다. 그것은 유대 국가Judenstaat의 수립이다. 세계에는 유대인들에 반대하는 외침이 메아리치고 있으며, 그것은 고이 잠들어 있는 사상을 일깨우고 있다.

나는 사람들이 무엇보다도 우선 그리고 내 논의의 모든 지점에서 명확히 보고자 하는 것을 아무것도 꾸며내고자 하지 않는다. 또한 나는 유대인들의 역사적으로 생성된 상태도 또 그것을 시정하기 위한 수단도 꾸며내고자 하지 않는다. 내가 구상하는 건축물의 실질적 구성 부분들은 현실 속에 현존하며 손쉽게 파악될 수 있다. 이 점에 대해서는 누구나 확신할 수 있다. 그러므로 유대인 문제Judenfrage에 대한 이 해결 시도를 한 마디로 표현하고자 한다면, 그것은 '공상Phantasie'이 아니라 기껏해야 '결합Kombination'이라고 불릴 수 있을 것이다.

나는 무엇보다도 우선 내 구상을 유토피아Utopie*로서 취급하는 것에 반대하여 그것을 변호해야만 한다. 실제로 나는 그렇게 함으로써 오직 피상적으로 판단하는 자들만이 저지를 수 있을 어리석음을 방지하고자 한다. 사실 인도주의적인 유토피아를 저술한 것이 불명예는 아닐 것이다. 또한 만약 내가 나와 함께 이야기를 나누고자 하는 독자들을 위해 이 계획을 |6|소설이라는 이를테면 책임을 짊어지지 않는 방식으로 제시한다면, 나는 좀 더 손쉬운 문학적 성과를 거둘 수도 있을 것이다. 그러나 그것은 토마스 모어Thomas More**를 전후하여 그토록 자주 산출되었던 것과 같은 친절한 유토피아가 아니다. 나로서는 여러 나라들에서의 유대인들의 형편이 서론적이고 장난스러운 이야기를 쓸데없는 것으로 만들 만큼 충분히 나쁘다고 믿고 있다.

내가 구상한 것과 유토피아의 차이를 분명히 알아볼 수 있게 하기 위해 나는 몇 년 전에 나온 흥미로운 책인 테오도르 헤르츠카Theodor Hertzka 박사의 『자유 국가Freiland』***를 살펴보고자 한다. 그것은 철

● ●

* 유토피아라는 말은 토머스 모어의 1516년 작품 『유토피아Utopia』이래로 이상향으로서의 '그 어디에도 없는 나라'라는 의미로 사용되어 왔다. 19세기에 이르면 이상향이라는 의미보다도 오히려 '실현 불가능한 계획'이라는 의미가 강해지며, 공상적인 구상을 비판할 경우에 사용되게 된다.

** 토마스 모어(1478. 2. 7-1535. 6. 6)는 잉글랜드 왕국 시기의 법률가, 저술가, 사상가, 정치가이자 로마 가톨릭 교회의 성인이다. 그는 평생 스콜라주의적인 인문주의자로서 덕망이 높았으며, 1529년부터 1532년까지 대법관을 포함하여 여러 관직을 역임했다. 모어는 1516년에 자신이 저술한 책에서 묘사한 이상적인 정치체제를 지닌 상상의 섬나라를 유토피아Utopia라고 명명했다.

*** 테오도르 헤르츠카는 1845년 7월 13일에 헝가리의 부다페스트에서 태어나 1924년 10월 22일에 독일의 비스바덴에서 사망한 오스트리아-헝가리인으로서 경제학자이자 저널리스트이다. 헤르츠카는 '오스트리아의 벨러미'라고 불려왔는데, 왜냐

저히 현대적이고 국민 경제학적으로 형성된 정신에 의해 고안되었지
만, 이 꿈같은 국가가 자리 잡고 있는 적도의 산만큼이나 현실적인
삶으로부터 동떨어진 재치 있는 공상이다. 『자유 국가』는 심지어 서
로 맞물리기까지 하는 수많은 톱니바퀴들로 이루어진 복잡한 기계
장치이다. 그러나 실제로 그것이 작동될 수 있으리라는 것을 내게
증명해 주는 것은 아무것도 없다. 자유 국가 연합이 성립하는 것을
본다 하더라도 나는 그것을 농담으로 여기게 될 것이다.

그에 반해 여기 이 구상은 현실 속에서 출현하는 추동력의 사용을
담고 있다. 나는 다만 아주 겸손히 나의 불충분함을 고려하여 그리고
나보다 더 훌륭하게 논의할 기계기사가 존재하리라 믿으며 이제 제작
되어야 할 기계의 톱니바퀴들을 암시하고자 할 뿐이다.

관건이 되는 것은 추동하는 힘이다. 이 힘은 무엇인가? 그것은 유대
인들의 고난Die Judennot이다.

이 힘이 존재한다는 것을 누가 감히 부인하고자 할 것인가? 우리는
반유대주의Antisemitismus*의 이유들에 관한 장에서 이 문제를 다루

---

하면 그가 저술한 『자유 국가, 하나의 사회적 미래상Freiland, ein soziales Zukunftsbild』
(Leipzig, 1890)이 에드워드 벨러미의 유토피아적 소설 『뒤를 돌아보며Looking
Backward, 2000~1887』와 유사한 주제를 다루고 있기 때문이다.

* 도덕과 정치적 원칙의 입장에서 유대인을 증오하는 것. 반유대주의는 유대인에
대한 단순한 편견을 넘어서 유대인에게서 지위, 권위 혹은 경제력까지 박탈하고자
하는 정치적, 사회적 정책들을 모두 포함한다. 반유대주의가 가장 극단적으로 표출
되면 유대인 말살로 이어진다.

'반유대주의'라는 말은 언론인이자 인종 이론가로, 독일에서 유대인을 추방하려
는 단체인 '반유대주의자 연맹'(The League of Anti-Semites)의 창립자 빌헬름 마르
(1819~1904)가 1879년에 처음 사용했다. 마르는 당시 공식적으로 해방된 지 8년밖에
안 되는 유대인이 이미 독일의 재정과 산업을 손아귀에 넣고 독일에게 위협적인
존재가 되었다고 믿었다. 1882년경 반유대인당은 의회에서 의석을 차지했다. 1890

게 될 것이다.

[7]사람들은 또한 주전자에 물을 끓일 때 발생하여 뚜껑을 열어제치는 투쟁력을 잘 알고 있다. 시온주의Zionismus*적인 시도들과 '반유대주의의 저지를 위한zur Abwehr des Antisemitismus' 수많은 다른 형식의 연맹들이 바로 이 주전자에서 나타나는 현상이다.

이제 나는 이 힘이 올바로 사용되기만 한다면 커다란 기계를 추동시켜 사람들과 재화들을 운송하기에 충분할 만큼 강력하다고 말하고자 한다. 그 기계는 사람들이 원하는 바로 그 모습의 것이 될 수 있을 것이다.

나는 내게 권리가 있다고 너무도 깊이 확신하지만, 물론 과연 내가 내 생애에 그 권리를 획득하게 될 것인지에 대해서는 알지 못한다. 이 운동을 시작하는 최초의 사람들은 그 영광스러운 결말을 보기 어려울 것이다. 그러나 이미 그 시작을 통해 높은 자부심과 내면적 자유의 행운이 그들 속에 현존하게 된다.

● ●

년대에 칼 뤼거(1844~1910)는 노골적인 반유대 공약을 내세우며 빈의 시장으로 선출되어 젊은 아돌프 히틀러에게 깊은 인상을 남겼다.

* 유대인들의 민족주의 운동. 고대 유대인들의 고향인 팔레스타인에 유대 국가를 세울 것을 목표로 했다. 시온주의의 움직임은 19세기 후반 동부와 중부 유럽에서 시작되었으나, 여러 측면에서 그것은 고대 예루살렘의 한 언덕, 즉 시온이라는 역사적 지역에 대한 유대 민족과 유대교의 민족주의적 갈망의 연장이었다. 시온주의에 정치적 전기를 만든 사람이 바로 오스트리아 언론인이자 이 『유대 국가』의 저자인 테오도르 헤르츨이었다. 그는 유대인들이 서구 문화에 동화되는 것이 가장 바람직하다고 생각했지만, 반유대주의가 워낙 강하기 때문에 그것이 실현될 수 없다고 생각했다. 그는 유대인들이 한 지역에 하나의 국가를 세워야만 정상적으로 살아갈 수 있을 거라고 주장했다. 1897년 헤르츨은 스위스의 바젤에서 제1차 시온주의자 대회를 소집하고 "시온주의는 팔레스타인에 국제법적으로 보장되는 유대인의 조국을 건설하고자 한다"고 선언한다.

유토피아라는 의혹으로부터 이 구상을 보호하기 위해 또한 나는 세부 사항에 대한 회화적인 묘사를 아끼고자 한다. 나는 아무 생각 없이 조롱하는 자들이 내가 구상한 것을 희화화함으로써 전체를 무력화하고자 하리라고 본래부터 짐작하고 있다. 내가 이 문제에 대해 행한 강연을 들은 한 유대인은 그 밖의 것들에서는 대단히 분별 있는 사람이었음에도 불구하고 다음과 같이 생각했다. "현실적인 것으로서 제시된 미래의 그 세부 사항은 유토피아의 징표이다." 그 생각은 잘못이다. 재무부 장관이라면 누구나 자신의 국가 예산안에서 미래의 숫자들을 고려하되 전년도들의 평균이나 지나간 몇 년과 다른 국가들에서 이루어진 소득들로부터 구성된 숫자들뿐 아니라 또한 예를 들어 새로운 세금의 도입으로 생겨나는 전례가 없는 숫자들도 고려한다. [8]우리는 그 점들에 대해 알지 못한 채로는 결코 예산안을 평가해서는 안 된다. 그렇다면 예산안이 결코 정확하게 엄수될 수 없다는 것을 안다고 해서 과연 우리가 그 재정 법안을 유토피아로 간주해야 할 것인가?

그러나 나는 독자들에 대해 좀 더 어려운 요구들을 제기하고자 한다. 나는 내가 향하고 있는 교양인들이 많은 낡은 관념들을 바꾸어 생각하고 다시 배우길 기대한다. 그리고 나는 바로 유대인 문제의 해결을 위해 활동적으로 노력해 온 너무도 훌륭한 유대인들에게 자신들의 지금까지의 시도들을 잘못되고 효과가 없는 것으로 간주할 것을 요구한다.

이념을 서술함에 있어 나는 위험과 싸우지 않을 수 없다. 내가 미래에 놓여 있는 모든 것들에 대해 유보적으로 말한다면, 마치 나 자신이 그 가능성을 믿지 않는 것처럼 보일 것이다. 그에 반해 내가 그 실현을 제한 없이 예고한다면, 모든 것이 아마도 하나의 망상Hirngespinst처럼 보일 것이다.

그런 까닭에 나는 명확하고도 확고하게 말하고자 한다. 나는 주제 넘게 사상의 최종적 형식을 발견했다고 생각하진 않지만, 그 실행 가능성을 믿는다. 유대 국가는 세계의 욕구Weltbedürfnis이거니와, 따라서 그것은 성립하게 될 것이다.

어떤 한 개인에 의해 추진된다면, 그것은 단적으로 제 정신이 아닌 행적일 것이다. 그러나 만약 많은 유대인들이 동시에 그에 관심을 기울인다면, 그것은 완전히 이성적vernünftig이며 그 성취에는 언급할 만한 어떠한 어려움도 놓여 있지 않다. 이념의 실현은 다만 그 지지자들의 숫자에 달려 있을 뿐이다. 아마도 지금은 그들에게 [9]이미 모든 길들이 막혀 있지만 유대 국가에서 명예와 자유 그리고 행복에 대한 빛나는 전망이 열리게 될 우리의 분투, 노력하는 젊은이들이 이념의 확산을 이루어내게 될 것이다.

나 자신으로서는 나의 과제가 이 글의 출판으로 완수되었다고 생각한다. 나는 다만 주목할 만한 적대자의 공격이 나로 하여금 미리 내다보지 못한 반대들을 논박하고 오류들을 제거하도록 강요하거나 그렇게 하는 것이 중요할 때에만 더 말하게 될 것이다.

내가 말하는 것이 오늘날에는 아직 올바르지 않은가? 나는 내 시대보다 앞서 있는가? 유대인들의 고난이 아직도 충분히 크지 않은가? 이제 우리는 보게 될 것이다.

그러므로 이 국가 저술이 당장에는 그저 국가 소설일 뿐일지 아닐지의 그 여부는 유대인들 자신에게 달려 있다. 지금 세대가 여전히 너무 답답하고 둔감하다면 더 고귀하고 더 훌륭한 다른 세대가 나오게 될 것이다. 그러기를 원하는 유대인들은 자신들의 국가를 갖게 될 것인바, 그들은 그 국가를 가질 자격이 있을 것이다.

# Ⅰ. 들어가는 말

|111|실천적 삶의 한 가운데에 서 있는 사람들의 국민 경제학적 통찰은 종종 아연할 정도로 적다. 오로지 그런 까닭에만 유대인들마저도 반유대주의자들의 다음과 같은 구호를 믿으며 따라 말하는 것이 설명될 수 있다. 즉, 우리는 '숙주 민족들Wirtvölkern'에 의존해 살았으며, 우리 주위에 '숙주 민족'을 갖지 못했을 때 굶주려야만 했다는 것이다. 이것은 우리의 자기의식이 부당한 비난에 의해 약화되었다는 것이 드러나는 점들 가운데 하나이다. '숙주 민족적'인 것이란 참으로는 어떠한 것인가? 낡은 중농주의적인* 제한성을 포함하지 않는 한에서

* 중농주의Physiocratismus. '자연의 법칙'이라는 뜻의 그리스어에서 유래했다. 중농주의자는 루이 15세의 정부 마담 퐁파두르의 궁정 의사였던 프랑수아 케네(1694~1774)를 추종했다. 케네는 1758년에 자신의 저서 『경제표』를 출판했는데, 그는 프랑스의 경제생활을 오랫동안 지배했던 중상주의가 농업을 과소평가하고 있다고 공격했다. 그가 생각하기에 농업이야말로 순생산(투입량보다 더 경제적인 생산량)을 하는 유일한 경제 활동이므로 국가의 부를 형성하는 진정한 근원이었기 때문이다.

그것은 재화 생활에서 언제나 동일한 사태가 순환한다고 보는 순진한 오류에 토대한다. 그런데 세계가 새로운 재화들의 끊임없는 발생에 의해 변화한다는 것을 인식하기 위해 우리는 립밴윙클Rip van Winkle* 처럼 여러 해에 걸친 잠에서 비로소 깨어날 필요가 없다. 기술적 진보에 힘입은 우리의 놀랄 만한 이 시대에는 봉해진 눈을 지닌 정신적으로 가장 빈곤한 자도 자기 주위에서 새로운 재화들이 떠오르는 것을 보고 있다. 진취적인 기업가 정신Der Unternehmungsgeist이 그것들을 창조해 왔다.

진취적인 기업가 정신을 지니지 않는 노동은 정태적인 낡은 노동이다. 그 전형적인 예는 자기 조상이 수천 년 전에 있었던 바로 그곳에 여전히 머물고 있는 농부의 노동이다. [12]모든 물질적 복지는 진취적인 기업가에 의해 실현되어 왔다. 그런 진부한 이야기를 써내려 가는 것은 거의 부끄러운 일이라 할 수 있을 것이다. 그러므로 우리가 — 어리석은 자가 과장하여 주장하듯이 — 전적으로 기업가일 때에도 우리는 '숙주 민족'을 필요로 하지 않는다. 새로운 재화들을 생산하는 까닭에 우리는 언제나 동일한 재화의 순환에 맡겨져 있지 않은 것이다.

우리는 엄청난 힘을 지닌 노예 일꾼들을 가지고 있는데, 문화 세계에 그들이 출현한 것은 손노동에 대한 치명적인 경쟁을 의미했다.

---

* 미국의 초기 작가 워싱턴 어빙(Washington Irving, 1783-1859)의 단편집 『스케치북The Sketch Book of Geoffery Crayon, Great』에 나오는 옛날이야기의 주인공이다. 윙클은 산 속에서 길을 잃고 헤매다 소인들이 흥겹게 노는 자리에 끼어 술 한 잔을 얻어 마시고는 잠들어 버린다. 잠이 깨어 산에서 내려와 집에 돌아와 보니 고작 한숨 자고 난 것으로 알았는데, 그 동안 세상이 변해 20년이 지나가 있었다.

그것은 기계들이다. 기계들을 작동시키기 위해서도 노동자들이 필요함은 말할 것도 없다. 그러나 이 필요조건을 위해 우리는 사람들을 충분히, 아니 너무 많이 가지고 있다. 오직 동유럽의 여러 지역들에서 유대인들이 처해 있는 상태에 대해 알지 못하는 사람만이 감히 유대인들은 손노동에 대해 쓸모없다거나 그것을 내켜 하지 않는다고 주장할 것이다. 그러나 나는 이 글에서 유대인들에 대한 어떠한 변호도 시도하고자 하지 않는다. 그것은 쓸모없을지도 모른다. 이 주제에 관해서는 이성적인 모든 것과 심지어는 감상적인 모든 것이 이미 말해졌다. 그런데 지성Verstand과 마음Gemüt에 대해 적절한 이유들을 발견하는 것만으로는 충분하지 않다. 듣는 자가 무엇보다도 우선 파악할 능력이 있어야만 하는데, 그렇지 않으면 우리는 그저 광야의 설교자일 뿐이다. 그러나 듣는 자가 이미 그만큼 멀리 그리고 그만큼 높이 도달해 있다면, 그 모든 설교는 불필요하다. 나는 사람들이 훨씬 더 높은 정도의 교양 수준에 올라설 것이라 믿는다. 다만 나는 그것이 절망스러울 정도로 더디게 진행될 것이라 생각한다. 만약 우리가 중간 정도 사람들의 심성이 |13|『현자 나탄Nathan der Weise』을 저술할 때 레싱*이 지녔던 관대함에로 정화될 때까지 기다리고자 한다면,

---

* 레싱(Gotthold Ephraim Lessing, 1729. 1. 22~81. 2. 15). 독일의 작가 레싱은 목사의 가정에서 태어나 라이프치히 대학에서 신학을 공부했지만, 극작가, 비평가로서 명성을 얻었다. 프랑스 연극의 단순한 모방을 배척하고, 셰익스피어를 모범으로 하여 독일의 독자적인 연극을 확립하기 위해 힘을 다했다. 희곡으로『민나 폰 바른헬름』(1767), 평론으로『함부르크 연극론』(1767-69) 등이 있다. 볼펜뷔텔 대공 도서관의 사서의 직에 있었을 때 이성종교의 입장에서 기성의 종교, 특히 그것의 계시신앙을 혹독하게 비판한 라이마루스(Hermann Samuel Reimarus 1694~1768)의 유고를 익명으로 출판했다. 그 후 그는 그에 대한 책임을 추궁하는 프로테스탄트 정통파 신학자들과 격렬한 논쟁을 수행했다. 당국의 개입에 의해 논쟁을 중지할 수밖에

우리의 생애와 우리의 아들들, 손자들, 증손자들의 생애가 다 지나가 버릴 수 있을 것이다. 거기서는 세계정신Weltgeist이 다른 측면에서 우리를 도와준다. 이 세기*에 우리는 기술적 성과들을 통해 훌륭한 르네상스를 성취했다. 다만 이러한 믿기지 않는 진보가 여전히 인류를 위해 사용되지 않고 있을 뿐이다. 지구 표면의 거리는 극복되었지만, 그럼에도 불구하고 우리는 비좁음의 고통을 겪고 있다. 우리는 지금 거대한 기선들을 타고서 이전에는 알려지지 않았던 대양을 빠르고 위험 없이 건너간다. 철도는 이전에는 두려워하며 걸어 올라갔던 산간지방으로 우리를 안전하게 데려다 준다. 유럽이 유대인들을 게토 Ghetto**에 가두어 두었을 때 아직 발견되지 않았던 나라들에서의 사건들이 한 시간 안에 우리에게 알려진다. **그런 까닭에** 유대인들의 고난은 하나의 시대착오이거니와, — 그것이 시대착오인 이유가 이미

---

없었던 레싱은 극작을 통해 자기의 사상을 표명했다. 그 성과가 『현자 나탄』(1779)이라는 운문극으로, 이 작품은 십자군 원정 때의 예루살렘을 무대로 그리스도교·이슬람교·유대교 가운데 그 어느 것도 단독으로는 진리를 소유할 수 없음을 보여준다. 인간성과 관용의 이념을 고취시키려는 계몽주의의 의도가 담겨 있는 작품으로 독일 고전주의 이념극의 모범이 되었다. 한 구절을 인용하자면, "당신이 보아 나를 기독교도이게 하는 것이, 내가 보면 당신을 유대교도이게 한다."

* 19세기.

** 이전에 유대인들이 모여 살도록 법으로 정해 놓은 거주 지역을 가리킨다. 유대인에 대한 최초의 강제 격리는 1280년 이슬람 왕국 모로코에서 만든 밀라millah였다. 어떤 이슬람 국가에서는 유대인의 집과 문 크기까지도 제한하는 엄격한 게토 제도를 시행했고 14, 15세기에는 유럽 전역에서 유대인 강제 격리가 이루어졌다. 프랑크푸르트암마인의 게토와 프랑스의 유덴슈타트가 유명했다. 게토 안에서 유대인은 스스로 종교, 사법, 자선, 휴양 기관들을 꾸려가는 등 자치를 행했다. 유대인들은 게토 밖에서는 유대인임을 나타내는 표지(보통 노란색)를 달아야 했고, 따라서 항상 신체적인 해를 입거나 괴로움을 당할 가능성이 있었다. 프랑스 혁명을 계기로 게토는 점차 타파되어, 19세기 말에는 완전히 소멸한다.

백 년 전에 실제로는 오직 너무도 고귀한 정신의 소유자들을 위해서만 존립했던 계몽의 시대Aufklärungzeit*가 존재했기 때문은 아니다.

그런데 나는 전기 불빛이 결단코 몇몇 속물들이 그들의 화려한 방들을 밝히기 위해서가 아니라 우리가 그 불빛에 비추어 인류의 문제들을 해결하기 위해 발명되었다고 생각한다. 이 문제들 가운데 하나이자 가장 중요하지 않은 것이 아닌 것이 바로 유대인 문제이다. 이 문제를 해결함에 있어 우리는 우리 자신을 위해서뿐만 아니라 또한 다른 많은 수고하고 무거운 짐 진 자들을 위해서도 행위하고 있다.

유대인 문제는 존재한다. 그것을 부인하는 것은 어리석은 일일 것이다. 그것은 오늘날 최고의 선의를 지닌 문화민족들도 |14|여전히 완전하게 해결할 수 없는 중세의 잔재이다. 물론 그들은 우리를 해방시켰을 때 고결한 의지를 보여 주었다. 유대인 문제는 유대인이 눈에 띄는 숫자로 살고 있는 곳에서는 어디에서나 존재한다. 그 문제가 존재하지 않는 곳에서 그것은 이주해 오는 유대인들에 의해 그곳으로

---

* 계몽으로 번역되는 Aufklärung의 동사인 aufklären은 라이프니츠가 사용한 프랑스어 éclairer라든가 영어의 enlighten의 독일어 번역으로 간주된다. 계몽의 활동은 17세기 말 무렵부터 영국에서 시작되는데, 특히 18세기는 '야만과 어둠의 세기'에 대해 '계몽의 세기', '이성의 세기', '철학의 세기'라고 말해졌다. 계몽은 특정한 철학적 입장이 아니다. 계몽의 '철학자들Les philosophes'은 '선입견, 전통, 오래됨, 세상 사람들 일반의 동의, 권위, 한 마디로 말하면 많은 사람들의 정신을 억압하고 있는 모든 것을 밟아 뭉개고 과감히 스스로 생각하며, 가장 명백한 일반적 원리들에까지 소급하고, 감각과 이성에 비춰진 것이 아니라면 아무것도 인정하지 않는' 사람들이다(디드로). 여기서 18세기 유럽 각국의 공통된 계몽운동의 일반적인 이념을 볼 수 있다. 그리하여 18세기는 철학적으로나 정치적, 문화적으로 인간 이성의 통일성과 보편성에 대한 신념에 의해 관철된다. 이성은 모든 인간, 모든 국민, 모든 시대, 모든 문화에 대해서 동일하다고 여겨졌던 것이다.

옮겨오게 된다. 자연스러운 일이지만 우리는 우리를 박해하지 않는 곳으로 옮아간다. 그리고 나면 우리의 출현에 의해 박해가 발생한다. 이 점은 유대인 문제가 정치적으로 해결되어 있지 않은 한에서는 어디에서나, 심지어 매우 발전된 나라들— 예를 들면 프랑스— 에서도 참이고 계속해서 참일 수밖에 없다. 가련한 유대인들은 지금 반유대주의를 영국으로 실어 나르고 있으며, 그것을 이미 미국으로 가져다 놓았다.

나는 다면적으로 복잡한 움직임인 반유대주의를 이해할 수 있다고 믿는다. 나는 이 움직임을 유대인으로서, 그러나 어떤 증오나 두려움 없이 고찰하고 있다. 나는 반유대주의에서 상스러운 농담, 조야한 시기심, 물려받은 편견, 종교적 불관용인 바의 것을 알아볼 수 있지만, 그러나 또한 그 안에서 이른바 정당방위인 바의 것을 인식할 수 있다고 믿는다. 나는 유대인 문제를, 비록 그것이 사회적이고 종교적인 색채나 그 밖의 색깔을 띠고 있다 할지라도, 사회적 문제로나 종교적 문제로 생각하지 않는다. 그것은 민족적인 문제이며, 그것을 해결하기 위해서 우리는 무엇보다도 우선 그것을 문화 민족들의 협의회에서 조정될 수 있을 정치적인 세계 문제로 만들어야만 한다.

우리는 민족, 즉 **하나의** 민족이다.

우리는 어디에서나 우리를 둘러싸고 있는 민족 공동체 속으로 들어가되 다만 우리 조상들의 믿음만은 지키고자 성실하게 노력해 왔다. 하지만 그것은 허락되고 있지 않다. 헛되이 우리는 충성스럽고도 많은 곳에서는 [15]심지어 열광적이기까지 한 애국자들이며, 헛되이 우리는 우리의 동료 시민들과 똑같은 재화나 생명의 희생을 바치고, 헛되이 우리는 예술들과 학문들에서 우리 조국들의 명성을 그리고

22

상업과 교역을 통해 그 조국들의 부를 드높이고자 노력하고 있다. 우리가 사실상 이미 수백 년 전부터 살고 있는 우리의 조국들에서 우리는 이방인이라고 소리 높여 외쳐진다. 아니 때로는 우리의 조상들이 거기서 이미 탄식을 내뱉었을 당시 그 땅에 아직 그들의 선조가 거주하지 않았던 사람들에 의해 그렇게 외쳐진다. 그 나라에서 누가 이방인인지는 다수가 결정할 수 있다. 그것은 민족들의 교류에서의 모든 것과 마찬가지로 힘의 문제이다. 본래 위임委任과 무관한 한 개인으로서 말한다면, 나는 우리가 획득한 훌륭한 권리들 가운데 아무것도 포기하고자 하지 않는다. 그러나 세계의 현 상태에서나 아마도 미리 내다볼 수 없을 만큼 먼 시대에서도 힘은 권리보다 앞서 간다. 그러므로 우리가 어디에서나 용감한 애국자이고자 하는 것은 이전에 이주를 강요받은 위그노 교도들과 마찬가지로 헛된 일이다.* 우리에게 안식이 허락될 수 있다면…….

그러나 나는 우리에게 안식이 허락될 수 있으리라 믿지 않는다. 하지만 억압과 박해에 의해서 우리가 절멸될 수는 없다. 역사의 어떠한 민족도 우리가 견뎌온 것과 같은 그러한 투쟁과 고난을 참아내지 못했다. 유대인 탄압은 언제나 다만 우리 가운데 허약한 자들만을 떨어져 나가게 하는 데 그쳤다. 강인한 유대인들은 박해가 발생할 때 고집스럽게 자기 민족에게로 되돌아온다. 우리는 이 점을 유대인

* 위그노 교도들은 16세기에서 17세기까지의 프랑스의 칼뱅파 신교도이다. 변호사, 의사, 교수 등의 자유직업인과 근로 농민이 많았다. 프랑스의 종교전쟁인 위그노 전쟁을 종식시키기 위해 신교도의 신앙의 자유를 제한적으로 허용하는 1598년의 낭트 칙령으로 신앙의 자유를 얻었다. 하지만 뒤에 리슐리외와 루이 14세의 억압을 받으며, 1685년에 낭트 칙령도 폐지되자 영국, 네덜란드, 프로이센 등으로 망명하지 않을 수 없었다.

해방Judenemanzipation* 직후의 시기에 명확히 볼 수 있었다. 정신적으로나 물질적으로 좀 더 높이 올라서 있던 유대인들에게서는 자기 민족에 함께 속해 있다는 느낌이 상실되었다. 정치적 안녕이 어느 정도 지속될 때 [16]우리는 어디에서나 그곳에 동화된다. 나는 그것이 명예롭지 못한 일이라고 생각하지 않는다. 따라서 자기 민족을 위해 유대인의 종족적 융합을 원하는 정치인은 우리의 정치적 안녕을 지속적으로 보장해야만 한다. 하지만 비스마르크**조차도 그렇게 할 수 없을 것이다.

왜냐하면 우리에 대한 오랜 편견은 민족의 마음 깊숙이 자리 잡고 있기 때문이다. 그에 관한 해명을 얻고자 하는 자는 다만 그 민족이 솔직하고 단순하게 표명하는 것에 귀 기울일 필요가 있을 뿐이다. 동화와 속담은 반유대주의적이다. 그 민족은 어디에서나 커다란 아이이다. 물론 그 아이는 교육될 수 있을 것이다. 하지만 이 교육은 상황이 아무리 좋은 경우라 하더라도 너무나 엄청난 시간을 요구할 것이거니

* 유대인 해방의 계기는 프랑스 혁명에서 비롯되었다. 프랑스가 1791년 유대인에게 완전한 시민권을 부여한 데 이어 베네치아(1797), 마인츠(1798), 로마(1810), 프랑크푸르트(1811) 등지에서 게토가 폐지되었다. 이어 영국(1860), 독일(1870), 러시아(1917)에서도 유대인에 대한 시민권 제한이 철폐되었다. 이러한 해방이 동유럽에서는 모두 20세기 초에 이루어졌으며, 유대인 스스로의 적극적인 해방운동도 19세기 말부터 고조되기 시작하였다. 그 유력한 단서는 반제국주의적인 유대 민족주의로서의 시온주의 운동이었다.
** 비스마르크(Bismarck, Otto Eduard Leopold, von Fürst, 1815~1898), 근대 독일의 정치가. 1862년에 프로이센의 수상으로 임명된 후, 강력한 부국강병책을 써서 프로이센·오스트리아, 프로이센·프랑스 전쟁에서 승리하고 1871년에 독일 통일을 완성한 후, 독일 제국의 재상이 되었다. 밖으로는 유럽 외교의 주도권을 장악하고, 안으로는 가톨릭교도, 사회주의 운동을 탄압하지만, 사회적 안정을 위한 여러 정책을 도입한다.

와, 이미 말했듯이 우리는 그 이전에 오랫동안 다른 방식으로 스스로를 도울 수 있어야만 할 것이다.

내가 단지 가령 의복과 일정한 생활 습관, 관습과 언어라는 외면적인 것들뿐만 아니라 또한 심성과 습성에서의 동등화로 이해하는 동화 Assimilierung, 즉 유대인의 동화는 어디에서나 오로지 혼합 결혼 Mischehe*에 의해서만 달성될 수 있을 것이다. 그러나 중요한 것은 이 혼합 결혼이 다수에 의해 필요한 것으로 받아들여져야만 한다는 것이다. 혼합 결혼을 법률적으로 허용되는 것이라고 천명하는 것만으로는 결코 충분하지 않다. 지금 그렇게 한 헝가리의 자유주의자들은 주목할 만한 오류에 처해 있다. 그리고 이렇듯 공리공담 식으로 시행된 혼합 결혼의 실상은 최초의 경우들 중 하나를 통해 훌륭하게 예시된 바 있다. 요컨대 세례 받은 유대인 남성이 유대인 여성과 결혼했던 것이다. 그러나 현재의 결혼 형식을 둘러싼 투쟁은 헝가리에서의 기독교인들과 유대인들 간의 대립을 |17|몇 배로 더 첨예화시킴으로써 종족 융합에 이바지하기보다는 오히려 해를 끼쳤다. 융합을 통한 유대인의 몰락을 실제로 원하는 자는 이를 위한 단 하나의 가능성만을 바라볼 수 있다. 그것은 유대인들이 먼저 오랜 사회적 편견을 극복하기에 충분할 정도로 많은 경제적 힘을 획득해야만 한다는 것이다. 이를 위한 실례를 혼합 결혼이 비교적 아주 자주 나타나는 귀족정치가 제공해 준다. 오랜 귀족은 유대인의 돈으로 새롭게 금빛으로 물들여질 수 있으며, 그리함으로써 유대인 가족들이 흡수된다. 그러나 유대인들이 중간 계급 사람들이라면, 유대인 문제가 주로 거기에 자

* 종교가 다른 사람끼리의 결혼 혹은 인종이 다른 사람끼리의 결혼.

리 잡고 있는 중간층들에서 이 현상은 어떤 형태를 취할 것인가? 거기서 먼저 필요한 힘의 획득은 사실상 이미 지금 잘못 주장되고 있는 유대인들의 경제적 유일지배Alleinherrschaft와 동일한 의미일 것이다. 그리고 만약 유대인들이 지금 지니고 있는 힘이 이미 반유대주의자들의 그러한 분노와 비명을 불러일으키고 있다면, 이 힘이 더욱 성장하게 되면 도대체 어떤 일이 벌어질 것인가! 흡수의 그러한 초기 단계는 달성될 수 없다. 왜냐하면 그것은 얼마 전까지만 해도 경멸받았고 군사적이거나 행정적인 권력을 소유하지 못한 소수에 의한 다수의 예속일 터이기 때문이다. 그런 까닭에 나는 번영의 도상에서 이루어지는 유대인 흡수도 역시 일어남직 하지 않다고 생각한다. 현재 반유대주의적인 나라들에서 사는 사람들은 내 생각에 찬성할 것이다. 유대인들이 지금 이 순간 잘 지내고 있는 다른 나라들에서의 나의 동족들은 아마도 내 주장을 너무도 격렬하게 논박할 것이다. [18]하지만 그들은 유대인 탄압이 다시 엄습해 오고서야 비로소 나를 믿게 될 것이다. 그리고 반유대주의가 더 오랫동안 닥쳐오지 않으면 않을수록 그것은 더욱 더 지독하게 발발할 것이다. 나아가 안전해 보이는 것에 이끌린 떠돌아다니는 유대인들의 침투 및 원주민 유대인들의 상승하는 계급 운동은 강력하게 함께 작용함으로써 혁명적 전복에로 돌진할 것이다. 그 어느 것도 이러한 이성적 추론보다 더 단순명쾌하지 않다.

그러나 내가 이 이성적 추론을 거리낌 없이 오로지 진리에 따라서만 끌어낸다는 사실로 인해 쉽게 예측할 수 있듯이 호의적인 상황 속에 살고 있는 유대인들은 내게 반대와 적대를 쏟아낼 것이다. 그 소유자들이 자신들의 제한성이나 비겁함으로 인해 위협받는다고 느끼는 것이 단지 사적 이해관계들뿐인 한에서 우리는 경멸적으로 웃으면서 그것을 무시할 수 있을 터이다. 왜냐하면 가난하고 억압받는 자들의 일이 더 중요하기 때문이다. 그럼에도 불구하고 나는 처음부터 올바르지 않은 관념들이 떠오르지 않도록 하고자 하거니와, 특히 언젠가 이 계획이 실현될 때 재산을 소유하고 있는 유대인들이 그들의 전 재산에서 어떤 손해를 당할 수 있을 거라는 생각이 떠오르지 않도록 하고자 한다. 그런 까닭에 나는 재산권과 관련된 것을 상세히 설명하고자 한다. 그에 반해 지금의 이 사상 전체가 그저 문학 작품을 넘어서지 못한다면, 어차피 모든 것은 예전 그대로 머물 것이다. 좀 더 진지한 이의제기는 내가 우리를 민족, 즉 **하나의** 민족이라고 부를 때 반유대주의자들을 도와주고 있으며, 내가 고독한 저술가로서 도대체 무언가를 방해하거나 위태롭게 할 수 있는 한에서 [19]유대인의 동화가 성취되려고 하는 곳에서는 그것을 방해하고 그것이 이미 완성된 곳에서는 사후적으로 그것을 위험에 빠뜨린다고 하는 것이다.

이러한 이의제기는 특히 프랑스에서 출현할 것이다. 나는 그것을 또한 다른 곳들에서도 예상하지만 프랑스의 유대인들에게만은 미리 대답하고자 하는데, 왜냐하면 그들이 가장 강력한 실례를 제공하고 있기 때문이다.

내가 인격, 즉 정치인, 발명자, 예술가, 철학자 또는 장군들과 같은 강력한 개별 인격Einzelpersönlichkeit 및 우리가 민족이라고 부르는 사람들의 역사적 집단의 총체 인격Gesamtpersönlichkeit을 아무리 존경한다 할지라도, 나는 그들의 몰락을 한탄하지 않는다. 몰락할 수 있고 그리 될 것이며 또 그리 되지 않을 수 없는 자는 마땅히 몰락해야 한다. 그러나 유대인들의 민족적 인격은 몰락할 수 없고 그리 되지 않을 것이며 또 그리 되어야만 하는 것도 아니다. 그것은 몰락할 수 없는데, 왜냐하면 외부의 적들이 그 민족적 인격을 결속시키기 때문이다. 그것은 몰락하지 않을 것인데, 이 점을 그 민족적 인격은 2000년 동안 엄청난 고난 속에서 증명했다. 그것은 몰락해야만 하는 것도 아닌데, 나는 이 점을 이 글에서 희망을 포기하지 않은 다른 많은 유대인들을 따라서 제시하고자 한다. 유대 민족의 가지들 전체는 시들어 떨어져 나갈 수 있지만 나무는 살아나갈 것이다.

그런데 프랑스의 모든 혹은 상당히 많은 유대인들이 자신들이 이미 '동화'되었다고 해서 이 구상에 대해 저항한다면, 그에 대한 내 대답은 다음과 같이 지극히 단순하다. 즉, 지금의 이 사태 전체는 그들과 아무런 상관도 없다. 그들은 단적으로 이스라엘 계 프랑스인들이다! 그렇지만 이 일은 유대인들의 내적인 관심사다.

그런데 말할 것도 없이 내가 제안하는 국가 형성 운동은 이스라엘 계 프랑스인들뿐만 아니라 [20]다른 나라들의 '동화된 자들'에게도 전혀 손해를 끼치지 않을 것이다. 반대로 그것은 그들에게 이익이 될 것이다! 왜냐하면 그들은 다윈의 말을 빌리자면 그들의 '채색 기능 chromatischen Funktion'으로 인해 더 이상 불쾌하게 여겨지지 않을 것이기 때문이다. 그들은 평화롭게 동화될 수 있을 것인데, 왜냐하면 지금의 반유대주의는 영원히 멈춰 서게 될 것이기 때문이다. 사람들은 또한 그들에 대해, 만약 좀 더 훌륭한 제도들을 갖춘 새로운 유대 국가가 실제로 생성되었음에도 불구하고 그들이 지금 살고 있는 곳에 계속 머무른다면, 그들 영혼의 가장 내면적인 것에 이르기까지 동화되었다고 믿게 될 것이다.

'동화된 자들'은 종족에 충실한 유대인들이 멀리 떠나는 것으로부터 기독교 시민들보다 더 많은 이익을 얻게 될 것이다. 왜냐하면 동화된 자들은 정치적 억압과 경제적 궁핍으로 인해 이곳에서 저곳으로, 이 나라에서 저 나라로 내몰리는 유대인 프롤레타리아트와의 불안하게 만들고 예측할 수도 없으며 또 피할 수도 없는 경쟁에서 벗어날 것이기 때문이다. 이리저리 떠돌아다니는 이 프롤레타리아트는 한 곳에 정착하게 될 것이다. 지금 많은 기독교 시민들— 우리는 그들을 반유대주의자들이라고 부른다— 은 외국의 유대인들이 이주해 들어오는 데 대해 저항할 수 있다. 이스라엘 계 시민들은 그들에게 훨씬 더 어려운 일이 닥칠 것임에도 불구하고 그렇게 할 수 없다. 더 어려운 일이 닥치는 까닭은 무엇보다도 우선 동일한 종류의 경제적 개인들이 그들을 압박하는 것에 더하여, 그러한 개인들은 또한 반유대주의를 들여오거나 이미 존재하는 반유대주의를 첨예화하기 때문이기도 하다.

동화된 자들의 은밀한 비명, 그것이 '자선'의 시도들에서 울려 퍼지고 있다. 그들은 방랑하는 유대인들을 위한 해외 이주 협회들을 설립한다. 이 현상은 |21|만약 거기서 고난당하는 사람들이 문제가 되지 않는다면 희극적으로 보일 수도 있을 반대 의미를 담고 있다. 이런 지원 협회들 각각은 사실 박해받고 있는 유대인들을 위해서가 아니라 그들에게 반대하여 존재한다. 가장 가난한 자들은 다만 아주 **빠르게** 그리고 아주 멀리 치워져야 할 뿐인 것이다. 그리하여 주의 깊게 살펴보면 겉보기에 유대인의 친구로 보이는 많은 이들이 다만 자선가로 위장한, 유대적인 기원을 지닌 반유대주의자들일 뿐임이 밝혀진다. 그러나 실제로 선의를 지닌 사람들의 식민화 시도들조차, 그것들이 아무리 흥미로운 시도들이었다 할지라도, 지금까지 그 유효성을 확증

하지 못했다.

나로서는 이런저런 사람들에게 있어 그저 즐거운 놀이가 문제로 될 뿐이라거나 그들이 마치 말들로 하여금 경주하게 하듯이 가난한 유대인들로 하여금 떠돌게 하고 있다고는 생각하지 않는다. 그렇게 생각하기에는 문제가 너무도 진지하고 비극적이다. 이 시도들은 그것들이 작은 규모로 유대 국가 이념Judenstaatsidee의 실천적인 선구적 시도들을 보여준 한에서 흥미로웠다. 심지어 그 시도들은 큰 규모로 그 이념을 실현하고자 할 때 그로부터 배울 수 있는 잘못들을 범한 한에서 유용하기까지 했다. 물론 이 시도들을 통해 손해도 야기되었다. 새로운 지역들로의 반유대주의의 이식이야말로 바로 그러한 인위적 침투의 필연적 결과이지만, 나는 그것을 그 시도들의 가장 작은 나쁜 점으로 여긴다. 그보다 더 나쁜 것은 불만족스러운 성과들로 인해 유대인들마저도 유대인의 인력 자원이 지닌 유용성에 대한 의심을 품게 되었다는 점이다. 그러나 이 의심은 이해력이 있는 사람들에게 있어서는 다음과 같은 단순한 논증에 의해 극복될 수 있을 것이다. 즉 작은 규모에서 목적에 합당치 않고 실행 가능성이 없는 것이라고 해서 [22] 큰 규모에서도 반드시 그렇지는 않다는 것이다. 소규모의 기획은 대규모의 기획이 이익을 가져오는 동일한 조건들에서도 손해를 볼 수 있다. 개울에서는 전혀 조각배를 띄워 항해할 수가 없지만, 그 개울이 흘러드는 강은 위풍당당한 강철 선박을 실어 나르는 것이다.

어느 누구도 하나의 민족을 한 거주지로부터 다른 거주지로 옮겨 놓기에 충분할 만큼 강력하거나 부유하지 않다. 그런 일은 오로지 이념만이 할 수 있다. 국가 이념Staatsidee은 아마도 그런 힘을 지닐 것이다. 유대인들은 그들 역사의 온 밤 내내 끊임없이 이 당당한 꿈을 꾸어왔다. "다음해는 예루살렘에서!Übers Jahr in Jerusalem!"는 우리의 오랜 구호이다. 이제 문제가 되는 것은 그 꿈으로부터 대낮처럼 밝은 사상이 생성될 수 있음을 보여주는 것이다.

이를 위해서는 무엇보다도 우선 수많은 낡고 시대착오적이며 혼란스럽고 제한된 관념들을 지닌 영혼들 속에 **타불라 라사**tabula rasa*가 만들어져야만 한다. 가령 둔감한 두뇌의 소유자들은 우선은 이 이주가 문화로부터 벗어나 황무지로 들어가는 것임에 틀림없다고 생각할 것이다. 하지만 이는 사실이 아니다! 이주는 문화 한 가운데서 수행될 것이다. 우리는 더 낮은 단계로 되돌아가는 것이 아니라 더 높은 단계로 올라서게 될 것이다. 우리는 진흙으로 지은 오두막이 아니라 새롭게 건축하여 안전하게 소유할 수 있는 좀 더 아름답고 좀 더 현대적인 집들에 입주할 것이다. 우리는 스스로 획득한 재산을 잃어버리는 것이 아니라 그것을 이용하게 될 것이다. 우리가 우리의 훌륭한 권리를 포기하는 것은 오로지 더 좋은 것과 바꾸기 위해서일 뿐이다. 우리는 우리의 사랑하는 관습들로부터 분리되는 것이 아니라 그것들을 다시 발견하게 될 것이다. 우리는 새로운 집이 완성되기 전에 오래된 집을 버리지 않을 것이다. 그 집을 떠나는 자는 언제나 다만 |23| 그에 의해 확실히 자신의 처지를 개선할 수 있는 사람들뿐이다. 처음에는 절망적인 상태의 사람들이 떠날 것이며, 그 다음에는 가난한 자들이, 그러

---

* 아무것도 기입되어 있지 않은 석판을 의미한다. 일반적으로 인식론적 맥락에서 인간의 정신이 경험 이전에는 아무것도 가지고 있지 않다는 것을 나타내기 위해 사용되는 말이다. 여기서는 문제를 밝고 투명하게 보기 위해 낡은 관념들을 제거한 상태를 가리킨다.

고 나서는 유복한 자들이, 그리고 그 다음으로는 부유한 자들이 떠나게 될 것이다. 앞서 간 사람들은 이 마지막 사람들이 그들의 친척들을 뒤따라 보내기까지 더 높은 계층으로 올라서게 될 것이다. 이주는 동시에 상승하는 계급 운동이다.

그리고 떠나가는 유대인들 뒤에서는 어떠한 경제적 장해도, 어떠한 위기와 박해도 발생하지 않을 것이다. 오히려 그들이 떠난 나라들을 위한 복지의 시대가 시작될 것이다. 유대인들이 넘겨준 자리들로 기독교 시민들의 대내적인 이주가 일어나게 될 것이다. 유출은 어떠한 동요도 없는 점진적인 과정이며, 그것의 시작이 이미 반유대주의의 종언이다. 유대인들은 존경받는 친구로서 떠날 것이며, 그 후 그들 중 일부가 되돌아오면 그들은 문명화된 나라들에 다른 외국적 보유자들과 똑같이 호의적으로 받아들여지고 대우받게 될 것이다. 이 이주는 또한 도주가 아니라 여론의 통제 하에 이루어지는 질서 잡힌 행군이다. 이 운동은 완전히 합법적인 수단들을 가지고서 개시될 수 있을 뿐만 아니라, 또한 그것은 일반적으로 그로부터 본질적인 이익을 얻게 될 유관 정부들의 우호적인 협력 하에서만 수행될 수 있다.

이념의 순수성과 그 실행의 힘을 위해서는 오로지 이른바 '도덕적moralischen' 인격들이나 '법적juristischen' 인격들에서만 발견될 수 있는 보증들이 필요하다. 나는 법률가 언어에서 자주 혼동되는 이 두 명칭을 |24|구별하고자 한다. **사유재산 영역 외부의 권리들의 주체인 도덕적 인격**으로서 나는 **유대인 협회**Society of Jews를 내세운다. 그와 더불어 **법적 인격·법인**은 **영리 단체**인 **유대인 회사**Jewish Company이다.

그러한 거대한 과업에 착수하고자 하는 기미만을 보였을 뿐이라 하더라도 그 개인은 사기꾼이거나 미치광이일 수 있을 터이다. 하지만 도덕적 인격의 순수성에 대해서는 그 구성원들의 품성이 보증한다. 그리고 법적 인격의 충분한 힘은 그 자본에 의해 입증된다.

지금까지의 서론적인 언급을 통해 나는 다만 아주 서둘러서 이미 '유대 국가'라는 말이 불러일으킬 것이 틀림없는 한 무더기의 최초의 반론들을 방지하고자 했을 뿐이다. 지금부터 우리는 좀 더 느긋하게 문제와 대결하여 다른 이의제기들을 논파하고 이미 암시된 많은 것을 좀 더 철저하게 설명하고자 한다. 물론 날렵해야 할 이 글의 관심에 따라 가능한 한 둔중함은 피해야 할 것이다. 짧은 경구적인 장들이 아마도 그러한 목적에 가장 훌륭하게 이바지할 것이다.

낡은 건물의 자리에 새로운 것을 세우고자 한다면, 먼저 그것을 헐어버리고 나서 건축해야만 한다. 그러므로 나는 그러한 이성적 순서를 엄수하게 될 것이다. 먼저 일반적 부분에서는 개념들이 설명되고, 둔감하고 낡은 관념들이 제거되며, 정치적이고 경제적인 전제조건들이 확정되고, 계획이 전개되어야 한다.

[25]세 개의 주요 장들로 나누어지는 특수적 부분에서는 실행이 제시되어야 한다. 이 주요 장들은 다음과 같다. 유대인 회사, 지역 집단들 Die Ortsgruppen 그리고 유대인 협회. 물론 협회가 먼저 성립해야 하며, 회사가 마지막이다. 그러나 구상에서는 거꾸로 된 순서가 적절한데, 왜냐하면 재정적 실행 가능성에 대해 가장 커다란 의심이 생겨날 것이고, 따라서 그것이 우선 반박되어야 하기 때문이다.

그 다음 맺는말에서는 그 밖의 더 생각됨직한 반론들에 대해 최후의 회전會戰을 벌여야 할 것이다. 나의 유대인 독자들은 참을성 있게 끝에 이르기까지 나를 따라와 주었으면 한다. 많은 이들에게 있어 반론들은 여기서 반박을 위해 선택된 것과는 다른 순서로 성립할 것이다. 그러나 순서야 어찌됐든 그의 의심이 이성적으로 물리쳐진 사람이라면 누구나 대의에 대한 지지를 고백하지 않으면 안 될 것이다.

그런데 이성에 대해 말하고 있음에도 불구하고 나는 이성만으로는 충분하지 않다는 것을 잘 알고 있다. 오래 갇혀 있던 자들은 기꺼이 감옥에서 나오려 하지 않는다. 우리는 우리가 필요로 하는 젊음이 우리에게 이미 성장해 있는지를 보게 될 것이다. 늙은이들을 휩쓸어 가는 그 젊음은 강력한 팔로 휘몰아쳐 이성적 이유들을 열광으로 전환시킬 것이다.

# Ⅱ. 일반적 부분

## |26| 유대인 문제

유대인들의 곤궁한 형편에 대해서는 어느 누구도 부인하지 않을 것이다. 그들이 눈에 띄는 숫자로 살고 있는 모든 나라들에서 그들은 많든 적든 박해받고 있다. 평등한 권리는 비록 법률에서는 존재한다 할지라도 그들에게는 불리하게 거의 모든 곳에서 사실상 폐지되어 있다. 이미 군대와 공적이고 사적인 직무들에서의 중간급 지위에도 그들은 접근할 수 없다. 사람들은 그들을 상거래에서 내쫓아 버리려고 시도한다. "유대인들에게서 사지 말라!Kauft nicht bei Juden!"

의회들, 회의들, 신문들, 교회의 설교단들, 거리에서의 공격들과 여행 중의 공격들 — 예를 들어 일정한 호텔들에서 쫓아내는 것 — 과 심지어 유흥 장소들에서의 공격들이 날마다 증가하고 있다. 박해는 나라들과 사회 분야들에 따라 서로 다른 성격을 지닌다. 러시아에서는 유대인 마을들이 약탈당하고, 루마니아에서는 몇몇 사람들이 맞아 죽고, 독일에서는 때때로 실컷 두들겨 맞으며, 오스트리아에서는 반유대주의자들이 온갖 공적인 생활에 테러를 가하고, 알제리에서는 순회 선동가들이 등장하고, 파리에서는 이른바 고급 사교 모임이 유대인에 대해 문을 닫아걸고 사교계가 그들에 대해서는 폐쇄된다. 그 세부적 차이들은 이루 헤아릴 수 없다. 어쨌든 여기서는 [27]유대인들이 겪는 온갖 고통을 엄살떨듯이 열거하고자 해서는 안 될 것이다. 각각의 개별적인 것들이 아무리 고통스럽다 할지라도 우리는 그것들에 마음 쓰며 시간을 보내고자 하지 않는다.

나는 우리에 대한 동정심을 불러일으키려고 의도하지 않는다. 그것은 단적으로 나태하고 헛되며 품위 없는 짓이다. 나는 유대인들에게 다음과 같은 물음을 던지는 데 만족하고자 한다. 우리가 눈에 띄는 숫자로 거주하고 있는 나라들에서 유대인 변호사들, 의사들, 기술자들, 교사들 및 온갖 종류의 고용인들의 형편이 점점 더 견디기 어려워지고 있다는 것은 과연 참인가? 우리의 유대인 중간 계급 전체가 심각하게 위협받고 있다는 것은 과연 참인가? 우리의 부유한 자들에 반대해 폭도의 온갖 열정들이 선동되고 있다는 것은 과연 참인가? 우리의 가난한 자들이 다른 모든 프롤레타리아트보다 훨씬 더 고난당하고 있다는 것은 과연 참인가?

나는 억압이 어디에나 존재한다고 생각한다. 경제적으로 최상위 층의 유대인들에게서 그것은 마음의 불편함을 야기하고 있다. 중간층들에게서 그것은 무겁고 숨이 막힐 듯한 불안함이다. 하위 층들에게서 그것은 노골적인 절망이다.

사실은 그것이 어디에서나 똑같은 것으로 귀결된다는 점이다. 그것은 다음과 같은 고전적인 베를린의 외침으로 요약될 수 있다. "유대인 꺼져!Juden raus!"

나는 이제 유대인 문제를 아주 간결한 형태로 다음과 같이 표현하고 자 한다. 우리는 '꺼져'야만 하는가? 그렇다면 어디로?

또는 우리는 여전히 머무를 수 있는가? 그렇다면 얼마나 오랫동안?

먼저 머무르는 문제를 해결해 보자. 우리는 더 나은 시간을 소망하며 인내하는 가운데 경건하게 지상의 군주들과 민족들이 우리에 대해 자비로운 기분이 될 것을 기다릴 수 있는가? [28]나는 흐름의 근본적인 변화를 기대할 수 없다고 말하고자 한다. 어째서 그러한가? 군주들은 — 우리가 그들의 마음에 다른 시민들과 마찬가지로 가까이 있다고 하더라도 — 우리를 보호할 수 없을 것이다. 유대인들에게 너무 많은 호의를 베풀면 그들은 오히려 유대인 증오를 뒷받침하게 될 것이다. 그리고 여기서 이 '너무 많은'이라고 하는 것에서 이해될 수 있는 것은 모든 일반 시민이나 모든 종족이 요구할 수 있는 것보다 더 적은 것일 뿐이다. 유대인들이 그들 곁에 거주하고 있는 민족들은 부끄러워하면서든지 아니면 뻔뻔스럽게든지 간에 모두 예외 없이 반유대주의자들이다.

일반 민중들은 어떠한 역사적 이해도 갖고 있지 않으며 또 가질 수도 없다. 그들은 중세의 죄악들이 지금 유럽의 민족들에게서 다시 돌아오고 있다는 것을 알지 못한다. 우리는 게토들에서 지금의 우리로 형성되었다. 우리는 의심할 바 없이 금융업에서 탁월함을 획득했는데, 왜냐하면 중세 사람들이 우리를 거기로 내몰았기 때문이다. 지금 동일한 과정이 반복되고 있다. 우리는 다른 모든 직업 분야가 우리에 대해 닫혀 있는 까닭에 지금은 증권 거래소라고 불리는 금융

업으로 다시 내몰리고 있다. 그러나 우리가 증권 거래소에 있다면, 그것은 또 다시 우리에 대한 경멸의 새로운 원천이 된다. 그와 동시에 우리는 아무런 배출구도 지니지 못하고 따라서 증대하는 재산만큼이나 사회적 위험인 중간층 지식인들을 끊임없이 산출하고 있다. 교육받고 재산이 없는 유대인들은 지금 모두 사회주의에 귀속되고 있다. 따라서 어떠한 경우에서든지 간에 사회적 전투가 우리 배후에서 벌어질 수밖에 없을 것인데, 왜냐하면 우리는 자본주의 진영에서든 사회주의 진영에서든 가장 눈에 띄는 지점에 서 있기 때문이다.

## |29|지금까지의 해결 시도들

지금까지 유대인의 곤궁한 상태를 극복하기 위해 적용된 인위적인 수단들은 다양한 식민화 시도들처럼 너무 하찮거나 아니면 유대인들을 그들의 지금의 고향에서 농부로 만들고자 하는 시도들처럼 잘못 생각되거나 했다.

몇 천 명의 유대인들이 다른 지역으로 이송됨으로써 도대체 무엇이 이루어지는가? 그들이 번영을 이룬 다음 결국 그들의 재산과 더불어 반유대주의가 발생하거나 아니면 그들이 곧바로 몰락한다. 우리는 이미 앞에서 가난한 유대인들을 다른 나라들로 유도하려는 지금까지의 시도들을 다룬 바 있다. 이 유도는 어느 경우이든지 간에 단적으로 목적에 반하는 것은 아닐지라도 불만족스럽고 무의미하다. 그에 의해서는 해결이 다만 연기되고 지연될 뿐이며, 아마도 심지어는 더 어려워질 뿐이다.

그러나 유대인들을 농부로 만들고자 하는 자는 기이한 오류에 사로잡혀 있다. 요컨대 농부는 역사적 범주이거니와, 우리는 이 점을 대부분의 나라들에서 수천 년이나 오래된 복장에서, 그리고 태곳적과 정확히 똑같은 그의 작업 도구들에서 알아볼 수 있다. 농부의 쟁기는 아직도 그대로이며, 그는 앞치마에서 씨를 뿌리고, 역사적인 큰 낫으로 곡식을 베어들이며, 도리깨로 타작한다. 그러나 우리는 이제 이 모든 일을 위해 기계가 존재한다는 것을 잘 알고 있다. 농업 문제도 다만 기계 문제일 뿐이다. 아메리카는, 대토지 소유가 소토지 소유를 절멸시키듯이, 유럽에 대해 승리를 거두어야만 한다. 따라서 농부는 점차 소멸하는 상태에 놓여 있는 존재이다. 농부가 [30] 인위적으로 보존될 때 그러한 보존이 이루어지는 까닭은 그가 이바지할 수 있는 정치적 이해관계 때문이다. 하지만 낡은 처방전에 따라 새로운 농부들을 만들고자 하는 것은 불가능하고 어리석은 시도이다. 어느 누구도 문화를 강제적으로 후퇴시킬 만큼 충분히 부유하거나 강하지 않다. 낡아진 문화 상태들을 보존하는 것은 이미 그것을 위해서는 전제적으로 지배되는 국가의 모든 권력 수단마저도 거의 충분하다고 할 수 없는 거대한 과제이다. 그렇다면 과연 우리가 지적인 능력이 있는 유대인에게 낡은 유형의 농부가 되라고 요구해야 할 것인가? 그것은 바로 유대인에게 다음과 같이 말하는 것과 마찬가질 것이다. "너는 석궁을 갖고 있으니 전투에 나가라!" — 뭐라고? 다른 이들은 소구경 총들과 장거리 대포들을 갖고 있는데 석궁을 가지고서? 사람들이 농부로 만들고자 하는 유대인들이 그러한 상황들에서 전혀 움직이지 않을 때 그들은 그렇게 할 수 있는 완전한 권리를 가지고 있다. 석궁은 아름다운 무기이며, 내게 그런 시간이 있을 때 그것은 나로 하여금 비애에 젖어들게 한다. 그러나 그것은 박물관에 속한다.

그런데 물론 절망한 유대인들이 심지어 실제로 들판으로 나가거나 어쨌든 나가고 싶어 하는 지역들이 존재한다. 그리고 거기서 드러나는 것은— 독일 헤센의 소수 민족 거주지와 러시아의 많은 지방들과 같은— 이 지역들이 바로 반유대주의의 주요한 둥지라는 점이다.

왜냐하면 유대인들을 농지를 경작하도록 보내는 세계 개선자들die Weltverbesserer은 그에 관해 이야기할 것이 아주 많은 아주 중요한 사람을 잊고 있기 때문이다. 그 사람은 농부이다. 그리고 또한 농부의 의견은 아무래도 완전히 옳다. 요컨대 토지세, 수확의 위험, 더 값싸게 일하는 대규모 소유자의 압력, 그리고 특히 아메리카의 |31|경쟁이 그의 삶을 충분히 고된 것으로 만들고 있는 것이다. 게다가 곡물 관세들이 무한히 증대될 수도 없다. 또한 공장 노동자들도 굶어 죽게 놔둘 수는 없다. 정치적 영향력이 상승하고 있기 때문에 그들은 심지어 점점 더 많은 배려를 받아야만 한다.

이 모든 어려움들은 잘 알려져 있으며, 따라서 나는 그것들을 그저 대략적으로만 언급하고자 한다. 나는 다만 의식적인 의도에서 — 대부분의 경우에 또한 칭찬할 만한 의도에서 — 이루어진 지금까지의 해결 시도들이 얼마나 무가치했는지를 암시하고자 했을 뿐이다. 다른 지역으로 유도하는 것이나 우리의 프롤레타리아트에게서 그들의 정신적 수준을 인위적으로 끌어내리는 것은 어느 것이든 도움을 줄 수 없다. 동화라는 기적의 영약에 대해서는 이미 논의한 바 있다.

그렇게 해서는 반유대주의를 이겨낼 수 없다. 반유대주의는 그 이유들이 제거되지 않는 한 제거될 수 없다. 그러나 과연 이 이유들은 제거될 수 있는가?

# 반유대주의의 이유들

우리는 지금 더 이상 마음의 이유들, 즉 오랜 편견들과 편협함들이 아니라 정치적이고 경제적인 이유들에 대해 말하고자 한다. 우리의 오늘날의 반유대주의는 이전 시대들의 종교적인 유대인 증오Judenhaß와 혼동되어서는 안 된다. 물론 유대인 증오는 개별 나라들에서는 지금도 종파적인konfessionelle 색채를 띤다. 그러나 오늘날 유대인에 적대적인 운동의 커다란 흐름은 달라졌다. 반유대주의가 나타나는 주요 나라들에서 이 흐름은 유대인 해방의 결과이다. 문화 민족들이 예외 법률들의 비인간성을 통찰하고 |32|우리를 자유롭게 했을 때 그 자유 방면은 너무 늦게 다가왔다. 우리는 법률적인 방식으로는 우리의 지금까지의 거주지들에서 더 이상 해방될 수 없었다. 우리는 게토에서 주목할 만한 방식으로 중간 계급의 민족으로 발전했고, 중간 계급에 대한 가공할 만한 경쟁자로 밝혀졌다. 따라서 우리는 해방 후에 갑자기 부르주아지의 반열에 서게 되었고, 거기서 내부로부터와 외부로부터의 이중의 압력을 견뎌야 하고 있다. 기독교 부르주아지는 아마도 우리를 사회주의에 대해 희생물로 던져버리길 꺼려하지 않을 것이다. 물론 그것은 전혀 도움이 되지 않을 것이다.

그럼에도 불구하고 유대인들의 법률적 평등권은 그것이 존재하는 곳에서는 더 이상 제거될 수 없다. 왜냐하면 그 평등권의 제거가 근대적 의식에 반할 뿐만 아니라 또한 그것은 가난하든 부유하든 모든 유대인들을 곧바로 혁명 당파들로 몰아갈 것이기 때문이다.

본래적으로는 이제 우리에게 반대하는 어떠한 효과적인 것도 행해질 수 없다. 이전에 유대인들은 자신의 보석들을 빼앗겼다. 하지만 오늘날 어떻게 사람들이 유동자산을 빼앗아 가고자 할 수 있겠는가? 그것은 세계의 어딘가에, 아마도 기독교인의 금고 속에 보관되어 있을 인쇄된 문서들에 놓여 있다. 물론 이제 철도와 은행 그리고 모든 종류의 산업 기업들의 주식들과 우선주들에는 세금이 부과될 수 있으며, 진보적인 소득세가 존재하는 곳에서는 또한 유동자산 전체가 신속히 떠나갈 수 있다. 그러나 그런 종류의 모든 시도들이 오로지 유대인들만을 향한 것일 수는 없겠거니와, 그럼에도 불구하고 그런 것들을 시도하고자 하는 곳에서는 곧바로 심각한 경제적 위기가 초래될 것이며, [33] 또한 그 위기는 결코 처음에 그 영향을 받는 유대인들에게 한정되지 않을 것이다. 유대인들에게 맞설 수 없는 이러한 불가능성으로 인해 다만 증오가 강화되고 지독해질 뿐이다. 주민들 사이에서 반유대주의는 날이 가고 시간이 지날수록 증대되고 또 더 증대될 수밖에 없는데, 왜냐하면 원인들이 계속 존속하여 제거될 수 없기 때문이다. **먼 원인**causa remota은 중세에 시작된 우리의 동화 가능성의 상실이며, **가장 가까운 원인**causa proxima은 우리가 밑으로는 어떠한 배출구도 지니지 못하고 위로는 아무런 상승통로도 지니지 못하는 ─ 요컨대 건전한 배출구와 건전한 상승통로를 갖지 못하는 중간층 지식인들을 과잉 생산하는 것이다. 우리는 밑으로는 혁명가들로서 프롤레타리아트가 되어 모든 혁명 당파들의 하위 관리를 형성하며, 동시에 위로는 우리의 두려워할 만한 화폐 권력을 성장시킨다.

## 반유대주의의 결과

우리에 대해 행사되는 억압이 우리를 더 좋게 만들지는 않는다. 우리도 다른 사람들과 다르지 않다. 우리는 우리의 적들을 사랑하지 않는데, 이는 전적으로 참이다. 그러나 오직 자기 자신을 극복할 수 있는 자만이 그러한 이유로 우리를 비난할 수 있을 것이다. 억압은 자연히 우리들 사이에서 우리를 핍박하는 자들에 대한 적의를 산출하며, ― 우리의 적의는 다시 억압을 증대시킨다. 이러한 순환에서 벗어나기는 불가능하다.

"하지만!"이라고 부드러운 마음의 몽상가들Schwärmer은 말할 것이다. "하지만, 가능하다! 더군다나 성취될 수 있는 사람들의 선함에 의해."

이것이 얼마나 감상적인 허튼 소리인지를 내가 실제로 증명할 필요까지 있을까? [34]현존 상태의 개선을 모든 사람들의 선함에 근거짓고자 하는 자가 그리는 것은 말할 것도 없이 유토피아일 것이다!

나는 이미 우리의 '동화Assimilierung'에 대해 말한 바 있다. 나는 한 순간도 내가 동화를 원한다고 이야기하고자 하지 않는다. 우리의 민족적 개성은 역사적으로 대단히 유명하며, 아무리 많이 퇴락했을지라도 그것의 몰락을 바랄 수 있기에는 너무나도 고상하다. 그러나 아마도 우리는 단지 두 세대를 통해서만 평화롭게 지낼 수 있다면 어디서나 우리를 둘러싸고 있는 민족들과 일체가 될 수 있을 것이다. 하지만 우리는 평화롭게 지내지 못할 것이다. 우리를 관대하게 대하는 짧은 시기 이후에는 언제나 거듭해서 우리에 대한 적의가 깨어난다. 우리의 안녕은 뭔가 도발적인 것을 포함하는 것으로 보이는데,

왜냐하면 세계는 수백 년 전부터 우리들에게서 가난한 이들 중에서도 가장 경멸할 만한 자를 보는 데 익숙해 있기 때문이다. 그리하여 무지와 편협함으로 인해 사람들은 우리의 안녕이 유대인으로서의 우리를 약화시키고 우리의 특수성들을 지워 없애버린다는 것을 깨닫지 못한다. 오로지 억압만이 우리를 다시 오래된 바로 그 종족으로 강요하며, 오로지 주위 환경의 증오만이 우리를 다시 이방인으로 만든다. 그리하여 우리는 우리가 원하든지 원하지 않든지 간에 뚜렷이 알아볼 수 있는 공속성을 지닌 역사적 집단인 것이며 또 앞으로도 계속해서 그러할 것이다.

우리는 하나의 민족이다. ― 역사 속에서 언제나 그랬듯이 우리의 적들은 우리가 그것을 의지하지 않는데도 불구하고 우리를 하나의 민족으로 만들고 있다. 핍박 속에서 우리는 단결하며, 거기서 우리는 갑자기 우리의 힘을 발견한다. 그렇다, 우리는 국가, 그것도 모범적인 국가를 형성할 수 있는 힘을 지니고 있다. [35] 우리는 그것을 위해 필요한 모든 인간적이고 실질적인 수단을 소유한다.

지금 여기는 이미 본래적으로는, 무언가 거친 표현이 말하는 대로 하자면, 우리의 '인적 자원Menschenmaterial'에 관해 말해야 할 자리일 것이다. 그러나 그에 앞서 모든 것이 그에 달려 있는 계획의 주요 특징들을 알지 않으면 안 된다.


## 계획

전체 계획Plan은 그 근본 형식에서 대단히 단순하거니와, 사실 그것이 모든 사람들에 의해 이해되어야 한다면 반드시 단순하지 않으면 안 된다.

우리에게는 우리의 정당한 민족적 요구를 충족시켜 줄 수 있는 지구 표면의 한 부분에 대한 주권이 주어져야 하며, 그 밖의 다른 모든 것들은 우리 자신이 마련하게 될 것이다.

새로운 주권Souveränität의 성립은 어떤 우스꽝스럽거나 불가능한 것이 아니다. 오늘날에 있어서도 우리는 새로운 주권의 성립을 우리처럼 중간 계급의 민족들이 아니라 더 가난하고 교육받지 못하고 그런 까닭에 더 취약한 민족들인 그런 민족들에게서 함께 체험한 바 있다. 반유대주의가 출몰하여 괴로움을 당하는 나라들의 정부들은 우리에게 주권을 창출해 주는 데 강한 관심을 기울이고 있다.

원리에서는 단순하고 그 실행에서는 복잡한 과제를 위해 두 개의 커다란 기관, 즉 유대인 협회die Society of Jews와 유대인 회사die Jewish Company가 만들어진다.

유대인 협회가 과학적으로나 정치적·정책적으로 준비한 것을 유대인 회사가 실천적으로 수행한다.

|36| 유대인 회사는 떠나가는 유대인들의 모든 재산상의 이해관계 청산을 처리하며, 새로운 나라에서의 경제적 거래를 조직한다.

유대인들의 떠나감은 이미 말했듯이 갑작스런 것으로 생각되어서는 안 된다. 그것은 점진적인 것이 될 것이고 수십 년간 지속될 것이다. 먼저 가장 가난한 자들이 가서 땅을 개간할 것이다. 그들은 처음부터 확정되어 있는 계획에 따라 도로, 다리, 철도를 건설하고, 전신Tele-graphen을 설치하며, 하천을 정비하고, 자기 자신들을 위해 스스로의 정착지들을 세울 것이다. 그들의 노동은 상거래Verkehr를, 상거래는

시장을 가져오고, 시장은 새로운 이주자들을 끌어들이게 될 것이다. 왜냐하면 각각의 모든 사람은 자발적으로 자신의 비용을 들여 스스로의 위험을 무릅쓰고 오기 때문이다. 우리가 땅에 쏟아 붓는 노동은 땅의 가치를 증대시킨다. 유대인들은 지금까지 증오와 경멸의 대상이 되어온 그들의 기업 활동 의욕에 대해 새로운 지속적인 영역이 열렸음을 곧바로 깨닫게 될 것이다.

오늘날 나라를 건설하고자 하는 사람은 천 년 전에는 유일하게 가능한 것이었을 방식으로 그것을 수행해서는 안 된다. 많은 시온주의자들이 그렇게 하고 싶어 하듯이 낡은 문화 단계들로 되돌아가는 것은 어리석은 일이다. 예를 들어 만약 우리가 야생 동물들의 땅을 깨끗이 청소해야 한다면, 우리는 그것을 5세기의 유럽인들의 방식으로 수행하지 않을 것이다. 우리는 혼자서 창과 작살을 들고 곰을 잡으러 나서는 것이 아니라 대규모의 즐거운 수렵회를 개최하여 함께 야수들을 몰아대고 그들에게 멜리나이트 폭탄을 던질 것이다.

[37] 만약 건축물을 짓고자 한다면, 우리는 의지할 데 없는 수상 가옥을 해변에 박아 넣지 않고 지금 사람들이 하듯이 건축할 것이다. 우리는 전에 이루어진 것보다 더 대담하고 더 훌륭하게 건축할 것이다. 왜냐하면 우리는 역사 속에서 결코 존재한 적이 없었던 수단을 갖고 있기 때문이다.

우리의 경제적으로 가장 낮은 층들에 이어 점차 그보다 높은 층들이 뒤따르게 될 것이다. 지금 절망적인 상태에 있는 자들이 먼저 간다. 그들은 우리가 과잉 생산하고 어디에서나 박해받는 우리의 중간층 지식인들에 의해 인도될 것이다.

유대인 이주 문제는 이 글을 통해서 일반적인 토론의 대상이 되어야 한다. 그러나 그것은 그에 대한 투표가 도입된다는 것을 의미하지 않는다. 투표가 도입되는 경우에는 대의가 처음부터 상실될 것이다. 함께 하길 원하지 않는 자는 거기에 그대로 머무를 수 있다. 각각의 개인들의 반대는 아무래도 상관없다. 함께 하길 원하는 자는 우리의 깃발 뒤에 서서 우리의 대의를 위해서 말과 글과 행동으로 싸울 것이다.

우리의 국가 이념을 지지하는 유대인들은 유대인 협회 주위에 모일 것이다. 이에 의해 유대인 협회는 정부들에 맞서 유대인의 이름으로 말하고 행동할 수 있는 권위를 획득하게 된다. 협회는 국제법적인 비유를 빌려 말하자면 국가 형성적 권력staatsbildende Macht으로 인정받을 것이다. 따라서 국가도 또한 이미 형성되어 있는 셈이다.

그런데 열강들이 유대 민족에게 중립적인 땅에 대한 주권을 부여할 준비가 되어 있음을 보인다면, 유대인 협회는 차지해야 할 땅에 관해 협상하게 될 것이다. 두 지역, 즉 팔레스타인과 아르헨티나가 [38]고려되고 있다. 주목할 만한 식민화 시도들이 이 두 장소에서 행해진 바 있다. 물론 그 시도들은 유대인들의 점진적인 침투Infiltration라는 잘못된 원리에 따라 이루어졌다. 침투는 언제나 나쁘게 끝나지 않을 수 없다. 왜냐하면 그것은 언제나 위협받고 있다고 느끼는 주민들의 요구에 떠밀린 정부가 유대인의 더 이상의 유입을 차단하는 순간에 부딪치게 되기 때문이다. 따라서 이주는 그 기초를 이루는 것이 우리의 확보된 주권일 때에만 의미를 지닌다.

유대인 협회는 현재 그 땅의 통치자들과 협상하게 될 것이며, 그것도 유럽 열강들에게 그 대의가 분명히 이해될 때 그들의 보호 하에 협상하게 될 것이다. 우리는 현재 그 땅의 통치자에게 엄청난 이익을 제공하고, 국가 채무의 일정 부분을 떠맡으며, 바로 우리 자신도 필요로 하게 될 교통로들을 건설하고, 그밖에 다른 많은 일들을 할 수 있다. 하지만 이미 유대 국가의 성립에 의해 이웃 나라들도 이익을 얻을 것인데, 왜냐하면 크든 작든 한 지역의 문화는 주위 지역의 가치를 높이기 때문이다.


## 팔레스타인인가 아르헨티나인가?

팔레스타인을 선택해야 하는가 아니면 아르헨티나를 선택해야 하는가? 유대인 협회는 자기에게 제공되고 유대 민족의 여론이 좋다고 천명하는 것을 취하게 될 것이다. 협회는 두 가지를 확정하게 될 것이다.

아르헨티나는 거대한 면적과 소수의 주민과 온화한 기후를 지닌 지구상의 자연적으로 가장 풍요로운 나라들 중 하나이다. [39]아르헨티나 공화국은 우리에게 영토의 한 부분을 양도하는 데서 아주 큰 이익을 얻게 될 것이다. 물론 현재의 유대인 침투는 거기서 불쾌감을 낳았다. 우리는 새로운 유대인 이주가 지니는 본질적인 차이에 대해 아르헨티나 사람들에게 해명해야만 할 것이다.

팔레스타인은 우리의 잊을 수 없는 역사적 고향이다. 오로지 이 이름만이 우리 민족에 대해 강력한 감동을 주는 집합 구호일 것이다. 만약 술탄* 폐하께서 우리에게 팔레스타인을 제공한다면, 우리는

---

* 이슬람 세계에서 성속의 지배자를 일컫는 말. 코란에 쓰인 원래의 뜻은 도덕적

터키의 재정을 자청해서 완전히 해결해 줄 수 있을 것이다. 유럽을 위해 우리는 거기서 아시아에 대항한 장벽의 한 부분을 형성할 것이며, 야만에 대항한 문화의 전초기지 역할을 수행할 것이다. 우리는 중립국neutraler Staat으로서 우리의 존재를 보장해 주어야 할 유럽 전체와 관계를 유지할 것이다. 전체 기독교도의 성지들die heiligen Stätten에 대해서는 국제법적 형식의 치외 법권Exterritorialisierung이 보장되어야 한다. 우리는 성지들 주위에 의장 위병을 세울 것이고, 우리의 존재를 통해 이 의무의 이행을 보증할 것이다. 이 의장 위병의 임무는 우리에게 너무도 고통스러웠던 18세기 이후 유대인 문제의 해결을 위한 위대한 상징일 것이다.

## 욕구, 기관, 상거래

앞앞 절에서 나는 "유대인 회사는 새로운 나라에서의 경제적 거래를 조직한다"고 말한 바 있다.

나는 이에 대해 몇 가지 해명을 덧붙여야 한다고 생각한다. 지금 이것과 같은 계획은 '실무적인praktischen' 사람들이 그에 반대하는 입장을 표명하게 된다면 그 기반까지 위험에 처하지 않을 수 없다. [40] 그런데 실무적인 사람들이란 거의 일반적으로 다만 낡은 관념들의 좁은 영역으로부터 벗어날 수 없는 틀에 박힌 사람들일 뿐이다. 그러

---

또는 정신적 권위를 의미한다. 이 말은 후에 정치권력 또는 지배 권력을 나타내게 되었고, 11세기부터는 이슬람 군주의 칭호로 사용되었다. 여기서는 당시 팔레스타인 지역을 지배하고 있던 오스만 투르크(현 터키)의 군주를 가리킨다.

나 그들의 반대 의견은 나름대로 효력을 발휘해 새로운 것에 큰 해를 끼칠 수 있다. 이 점은 최소한 새로운 것 자체가 낡아빠진 관념들을 지닌 실무적인 사람들을 무너뜨리기에 충분할 만큼 강력하지 않은 한에서는 사실일 것이다.

철도 시대가 유럽에 도래했을 때 특정 노선들의 건설을 "거기에는 일찍이 우편마차도 충분한 승객을 가진 적이 없기 때문에" 어리석다고 선언한 실무적인 사람이 있었다. 그 당시 사람들은 오늘날 우리에게는 유치할 정도로 단순한 것으로 보이는 진리를 아직 알지 못했다. 즉 그들은 여행객들이 철도를 불러내는 것이 아니라 역으로 철도가 여행객들을 불러내거니와, 물론 거기에는 잠재적인 욕구Bedürfins가 전제되어 있음에 틀림없다는 것을 알지 못했던 것이다.

만약 많은 사람들이 이제 처음으로 획득되어야 하고 또 처음으로 개간되어야 하는 새로운 땅에서 이제 막 도착한 사람들의 경제적 거래가 어떤 성질을 지녀야 할 것인지 상상할 수 없다면, 그것은 그러한 철도 시대 이전의 '실무적인' 의심의 범주에 속할 것이다. 그러므로 실무적인 사람은 대략 다음과 같이 말할 것이다.

"많은 곳의 유대인들의 현 상태가 견딜 수 없고 점점 더 나빠질 수밖에 없다 할지라도, 그리고 더 나아가 이주 욕망이 발생한다 할지라도, 아니 심지어 유대인들이 새로운 땅으로 이주하기까지 한다 할지라도, 그들이 거기서 어떻게 지낼 것이며 무슨 일을 할 것인가? 그들은 무엇으로 살아갈 것인가? 하지만 많은 사람들의 상거래 Verkehr는 [41]인위적으로 하루아침에 조직될 수 있는 것이 아니다."

이에 대한 나의 대답은 다음과 같다. 즉, 상거래의 인위적인 조직에 대해 말하는 것은 전혀 아니며, 그것이 하루아침에 이루어져야 하는 것도 전혀 아니다. 그러나 상거래가 조직될 수 없다 할지라도, 우리는 그것을 고무시킬 수 있다. 무엇에 의해? 욕구의 기관Organ에 의해. 욕구는 인식될 것이고, 기관은 창조될 것이며, 그때 상거래는 저절로 만들어질 것이다.

더 나은 상태에 도달하고자 하는 유대인들의 욕구가 참되고 깊은 것이라면, 그리고 창조되어야 할 이 욕구의 기관, 즉 유대인 회사가 충분히 강력하다면, 새로운 땅에서의 상거래는 대량으로 생겨나지 않을 수 없다. 그것은 물론 1830년대의 인간들에게 철도 교통의 발전이 미래에 놓여 있던 것과 마찬가지로 미래에 놓여 있다. 그럼에도 불구하고 철도는 건설되었다. 다행스럽게도 우리는 우편마차에 대한 실무적인 사람들의 의심을 이미 넘어서 있다.

# Ⅲ. 유대인 회사

## |42|기본 특징들

유대인 회사는 부분적으로 대규모 토지 획득 회사들Landnahmege-sellschaften의 모델에 따라 생각되고 있다. 그것은 유대인 공인 회사jü-dische Chartered Company라고도 불릴 수 있을 것이다. 다만 그것은 국가 주권을 행사할 권한을 갖지 않으며, 오로지 식민적인 것 이외의 과제들만을 지닌다.

유대인 회사는 영국의 법률들에 따라 그 보호 하에 영국의 관할권을 지닌 주식회사로서 설립된다. 그 중심 소재지는 런던이다. 주식 자본이 얼마나 되어야 할지에 대해서는 나로서는 지금 말할 수 없다. 우리의 수많은 금융의 명수들이 그것을 계산하게 될 것이다. 그러나 애매한 표현을 사용하지 않기 위해 나는 10억 마르크를 가정하고자 한다. 아마도 그보다 더 많아야만 할지도 모르지만, 어쩌면 그보다 더 적을 수도 있을 것이다. 활동이 시작될 때에 사실상 총액의 얼마만큼이 불입되어야 하는지는 앞으로 좀 더 설명되어야 할 자금 조달 형식에 달려 있을 것이다.

유대인 회사는 과도적 기구Übergangsinstitut이다. 그것은 순수하게 사업상의 기업이며, 언제나 주의 깊게 유대인 협회와 구별되어야 한다. 유대인 회사는 우선은 떠나가는 유대인들의 부동산을 현금화하는 과제를 지닌다. 이 일이 이루어지는 방식에 |43| 위기의 발생을 방지하고, 모든 사람에게 그의 재산을 보장하며, 이미 언급한 기독교적인 동료 시민들의 저 대내적인 이주를 가능하게 할 것이다.


## 부동산 업무

고려되어야 할 부동산은 주택들, 농장들 그리고 지역적인 사업권들이다. 유대인 회사는 처음에는 다만 이 부동산들의 매각만을 떠맡을 것임을 천명할 것이다. 물론 최초의 시기에 유대인들의 부동산 매각은 자유롭게 그리고 어떤 커다란 가격 폭락 없이 이루어질 것이다. 유대인 회사의 지점들은 모든 도시에서 유대인의 재산 매각의 중심이 될 것이다. 각각의 모든 지사들은 그러한 재산 매각에 대해 다만 스스로를 유지할 수 있기 위해 필요한 적절한 비율의 수수료만을 징수할 것이다.

그런데 운동이 발전하면서 부동산 가격이 하락하고 마침내 매각이 불가능해지는 일이 벌어질 수 있다. 이 단계에서 재산 매각 중개자로서의 회사의 기능이 새로운 부문들로 갈라진다. 유대인 회사는 버려

진 부동산들의 관리자가 되어 판매하기에 적합한 시점을 기다릴 것이다. 회사는 집세를 받고, 농장을 임대하며, 임대 관계에서도 가능하다면 — 관리가 필요하기 때문에 — 지배인을 임명한다. 유대인 회사는 어디서나 이 임차인들 — 기독교인들 — 에게 소유권 획득을 용이하게 만들어 주고자 하는 의도를 지닐 것이다. 유대인 회사는 일반적으로 점차 자기의 유럽 지사들을 철저히 기독교적인 직원들과 자유로운 대리인들(변호사들 등등)로 채울 것이며, 이들은 결코 |44| 유대인의 노예가 되지 않아야 할 것이다. 그들은 모든 것이 공정하고 정의롭게 진행되고, 신뢰할 수 있고 훌륭한 믿음 가운데 행해지며, 어디서도 결코 국민의 복지 상태가 흔들리는 일이 벌어지지 않도록 하기 위한 이를테면 기독교 주민의 자유로운 감독 기관의 역할을 수행할 것이다.

동시에 유대인 회사는 재산 매각인 또는 좀 더 올바르게 말하자면 재산 교환자로서 등장할 것이다. 회사는 주택에 대해서는 주택을, 토지에 대해서는 토지를 제공하되, 당연한 일이지만 '저쪽의 것drüben'을 제공하게 될 것이다. 모든 것은 가능하다면 '이쪽의 것hüben'과 마찬가지 것으로 이식되어야 한다. 그리고 거기서 유대인 회사에 대해서는 대규모의 허가된 이익의 원천이 열릴 것이다. 회사는 '저쪽에' 더 아름답고 현대적이며 너무도 안락한 설비를 갖춘 주택들과 더 훌륭한 농장들을 제공할 것이지만, 그럼에도 불구하고 그것들에 대해서는 훨씬 더 적은 비용이 들어갈 것인데, 왜냐하면 회사는 토지와 대지를 저렴하게 획득했을 것이기 때문이다.


**토지 구매**

유대인 협회에 대해 국제법적으로 보장된 영토는 자연스러운 일이
지만 사법私法적으로도 획득될 수 있다. 개별적 정착에 해당되는 정착
지들에 대한 보호 조처들은 지금 이 실행의 틀 내에 속하지 않는다.
그러나 유대인 회사는 자기의 필요와 우리의 필요를 위해 대규모
면적의 토지를 필요로 한다. 회사는 필요한 토지를 집중화된 구매를
통해 확보할 것이다. 주로 문제가 되는 것은 지금의 군주 통치권에
속하는 국가 영토들의 획득일 것이다. 목표는 '이쪽에서' 부동산 가격
을 낮추지 않고서 매각하는 것과 마찬가지로 '저쪽에서'도 가격을
현기증이 날 정도로 높게 올리지 않고서 토지의 소유권을 획득하는
것이다. [45] 그러함에 있어 무질서한 가격 부추김은 걱정할 필요가
없는데, 왜냐하면 유대인 회사가 이주를 주도하고 그것도 감독하는
유대인 협회와의 합의 하에 그렇게 할 것인 까닭에, 토지의 가치가
회사에 의해 비로소 창조될 것이기 때문이다. 유대인 협회는 또한
그 사업에서 파나마가 아니라 수에즈가 이루어질 수 있도록 배려할
것이다.*

* 지중해와 홍해(인도양)를 연결하는 수에즈 운하는 1869년에 개통되었는데, 개통
이전에는 수에즈 지협이 지중해와 홍해 사이를 가로막고 있어서 유럽에서 인도로
가기 위해서는 아프리카 남쪽의 희망봉을 돌아가야 했지만, 수에즈 운하가 뚫리면
서 선박들은 지중해를 거쳐 곧장 인도양으로 갈 수 있게 되었다. 이 사업은 대단히
성공적이었다. 한편 대서양과 태평양을 연결하는 파나마 운하는 수에즈 운하에
이어 인공적으로 만든 지구상에 존재하는 두 번째 운하로, 태평양과 대서양을 연결
해 아메리카 대륙과 유럽 대륙의 거리를 단축시켰다. 그런데 파나마 지협에 운하
건설을 처음 착공한 것은 1880년 이후로 파나마 정부는 수에즈 운하를 건설한 프랑
스의 레셉스에게 건축을 허가해 주었지만, 공사를 하던 회사가 도산하면서 사업을
실패하고 공사는 중단되었다. 이후 미국이 프랑스 회사로부터 운하 굴착권과 기계

유대인 회사는 자기의 직원들에게 건축 부지들을 저렴한 조건으로 양도할 것이며, 그들에게 그들의 아름다운 정착지 건설을 위한 단기 상환 신용을 제공하고 그들의 봉급에서 떼어내거나 점차 추가 수당으로서 계산하게 될 것이다. 그것은 그들이 기대하는 명예와 더불어 그들의 봉사에 대한 보상의 형식이 될 것이다.

토지 투기로부터 얻어지는 거대한 이익 전체는 유대인 회사로 흘러 들어가야 할 것인데, 왜냐하면 회사는 자유로운 모든 기업가와 마찬가지로 위험을 무릅쓴 데 대한 불확정적인 프리미엄을 얻어야만 하기 때문이다. 기업 활동 앞에 위험이 놓여 있는 곳에서 기업가가 얻는 이익은 관대하게 호의적으로 받아들여져야 한다. 그러나 그것은 또한 오로지 그 경우에만 허용될 수 있다. 위험과 이익의 상관관계는 재정상의 윤리를 담고 있다.

## 건축물들

그러므로 유대인 회사는 주택들과 자산들을 교환을 통해 획득할 것이다. 회사는 대지와 토지에서 이익을 얻을 것이고 또 그렇지 않을 수 없다. 그 점은 언제 어디서든 토지의 가치 상승이 문화시설에 의해 이루어진다는 것을 확인한 모든 사람에게 명백하다. 이 점을 가장 잘 볼 수 있는 것은 도시와 시골의 고립된 지역에서이다. 건축물이 들어서지 않은 평지들의 가치는 그 주위를 둘러싸고 놓이게 되는

---

및 설비 일체를 넘겨받아 1914년에 운하를 완공했다.

문화에 의해 상승한다. [46] 새로운 건축물들을 도시의 마지막 주택들에 바로 연결해서가 아니라 이웃한 토지들을 구입하고서는 그것의 바깥쪽 외곽에 건축하기 시작한 파리의 도시 확대자들의 투기는 그 단순성에서 천재적인 토지 투기였다. 이러한 역전된 건설 과정을 통해 주택 필지들의 가치는 엄청나게 빠른 속도로 올라갔으며, 그들은 언제나 다시 도시에 연결된 마지막 주택들을 건립하는 대신에 외곽이 완성된 연후에야 또 다시 도시의 한 가운데에, 따라서 좀 더 가치 있게 된 필지들에 건축했다.

그러면 유대인 회사가 스스로 건축할 것인가 아니면 자유로운 건축가들에게 위임할 것인가? 회사는 그 둘 다 할 수 있을 것이며, 그 둘 다를 하게 될 것이다. 회사는 곧바로 보게 되듯이 거대하게 비축된 노동력을 지니는데, 그 노동력은 결코 자본에 의해 착취되어서는 안 되며, 행복하고 밝은 생활조건에 들어서겠지만 그럼에도 불구하고 비싸지 않을 것이다. 건축 재료를 위해서는 우리의 지질학자들이 도시들을 위한 건설 부지를 찾을 때 마련하게 될 것이다.

그러면 건설 원리는 어떤 것이 될 것인가?


## 노동자 주택

노동자 주택(여기에는 모든 손노동자의 주택이 포함된다)은 회사 독자적으로 세워져야 한다. 내가 생각하는 것은 결코 유럽 도시들의 참담한 노동자 거처들이나 공장들 주위에 줄지어 서 있는 비참한 오두막들이 아니다. 물론 우리의 노동자 주택들도 같은 모양으로 단

조롭게 보일 수밖에 없는데, 왜냐하면 회사는 건축 자재들을 대량으로 제작할 때에만 값싸게 건축할 수 있기 때문이다. [47] 그러나 각각의 작은 정원을 지닌 이 개별적인 주택들은 모든 장소에서 아름다운 전체로 통합되어야 한다. 각 지역의 자연적 성질은 판에 박힌 진부한 것에 사로잡히지 않은 우리의 젊은 건축기사들의 즐거운 독창성을 자극할 것이며, 비록 사람들이 전체의 커다란 특징을 이해하지 못할지라도, 그들은 이 경쾌한 집단화Gruppierung 속에서 편안하게 지낼 것이다.

사원은 거기에 멀리서도 볼 수 있는 곳에 세워지게 될 것인데, 왜냐하면 바로 오랜 신앙이야말로 우리를 함께 묶어 왔기 때문이다. 그리고 거기에는 또한 현대적인 모든 교육수단들을 갖춘 아이들을 위한 쾌적하고 밝으며 건강한 학교들이 존재할 것이다. 나아가 좀 더 고차적인 목적들을 향해 상승하는 방식으로 단순한 직인들로 하여금 기술적인 지식들을 획득하고 기계류에 친숙해질 수 있도록 해야 하는 직인 재교육 학교들이 거기에 존재하게 될 것이다. 더 나아가 민중의 오락을 위한 건물들이 세워질 것인데, 그곳에서의 윤리적 행동에 대해서는 유대인 협회가 위로부터 지도할 것이다. 어쨌든 지금은 다만 건축물들에 대해서만 이야기해야지 그 내부에서 어떤 일이 진행될 것인지에 대해 이야기해서는 안 될 것이다.

나는 유대인 회사가 노동자 주택을 값싸게 건축할 것이라고 이야기했다. 그런데 그 까닭은 모든 건축 재료들이 대량으로 존재하고 토지가 회사에 속하기 때문만이 아니라 또한 회사가 건축을 위한 노동자들에게 보수를 지급할 필요가 없기 때문이기도 하다.

아메리카의 농부들은 그들의 주택 건축에서 상호 부조하는 체계를 갖고 있다. 이러한— 물론 그렇게 해서 지어진 블록주택들처럼 서툴기는 하지만— 천진난만하고도 선량한 체계는 아주 섬세하게 다듬어질 수 있다.

### |48| '미숙련' 노동자들('*unskilled labourers*')

맨 먼저 러시아와 루마니아에 방대하게 축적된 사람들로부터 오게 될 우리의 미숙련 노동자들die ungelernten Arbeiter은 또한 자신들의 주택 건축에서도 서로 도와야만 한다. 우리는 심지어 처음에는 우리 자신의 철제 재료들을 갖고 있지 않아 목재를 가지고서 건축해야만 한다. 물론 그것은 나중에 달라질 것인바, 처음 시기에 지어진 초라한 임시 가건물들은 그 후 더 훌륭한 것들로 대체될 것이다.

우리의 '미숙련 노동자들'은 처음에 그들의 숙소들을 서로 지어줄 것이며, 그것을 미리 경험한다. 더 나아가 그들은 노동을 통해 주택들을 소유물로서 취득할 것인데, 물론 즉시는 아니고 3년의 시간 동안 훌륭하게 행동한 것에 대한 대가로서 비로소 획득하게 될 것이다. 그리하여 우리는 열심 있고 솜씨 있는 사람들을 확보할 것이거니와, 3년간의 노동을 통해 훌륭하게 훈련된 이 사람들은 생활을 위해 교육되어 있는 셈이다.

나는 앞에서 유대인 회사가 숙련되지 않은 이들에게 보수를 지급할 필요가 없을 거라고 말한 바 있다. 그렇다면 그들은 무엇으로 살아갈 것인가?

일반적으로 나는 현물 임금 제도Trucksystem*에 대해 반대한다.

그러나 이러한 최초의 토지 획득자들에 대해서는 그것이 적용되어야 할 것이다. 유대인 회사는 그들에게 아주 많은 것들을 제공하고, 또한 그들에게 양식을 제공할 수 있어야 할 것이다. 어쨌든 현물 임금 제도는 다만 처음 몇 해 동안만 적용되어야 하며, 그것은 또한 소매상인들과 지주들 등등에 의한 착취를 방지함으로써 노동자들에게도 유익한 일이 될 것이다. 그러나 유대인 회사는 우리의 서민들이 여기서 바로 역사적 발전에 의해 강요받았을 뿐인 저 익숙한 행상行商으로 저기서도 향하게 되는 것을 처음부터 불가능하게 만들 것이다. [49] 그리고 유대인 회사는 주정뱅이들과 방탕한 사람들을 억제할 것이다. 그러면 토지 획득의 처음 시기에는 전혀 노동 임금이 존재하지 않을 것인가?

확실히 초과 노동에 대해서는 임금이 있을 것이다.


## 하루 7시간 노동

정규 노동일은 하루 7시간 노동이다!

그것은 나무를 베고, 땅을 개간하고, 돌을 옮기는 등, 한 마디로 수백 가지 일들이 하루에 오직 7시간 동안만 수행되어야 한다는 것을 의미하지 않는다. 아니, 사람들은 14시간을 일하게 될 것이다. 그러나 노동자 부대들Arbeitertrupps은 각각 3시간 반 일한 후 서로 교대할 것이다. 그 조직은 계급들, 승진 그리고 퇴직을 갖춘 전적으로 군사적인 것이 될 것이다. 어디서 퇴직 연금을 수령해야 할지에 대해서는

---

* 노동자의 임금을 화폐 대신 현물로 지급하는 제도

나중에 상세히 이야기하고자 한다.

건강한 사람이라면 3시간 반 동안 상당히 집중적인 노동에 전력을 기울일 수 있다. 3시간 반의 휴식 시간 후, ─ 그는 이 시간 동안 쉴 수도 있고, 가족과 함께 보낼 수도 있으며, 자신의 재교육을 위해 지도받을 수도 있다 ─ 그는 다시 완전히 생동하게 될 것이다. 그러한 노동력들은 기적을 일으킬 수 있다.

7시간 노동이다! 그것은 14시간의 보편적 노동시간을 가능하게 한다. 하루에 더 많은 노동시간을 쏟아 부을 수는 없다.

게다가 나로서는 하루 7시간 노동이 완전하게 실행될 수 있다는 확신을 갖고 있다. 벨기에와 영국에서의 시도들은 잘 알려져 있다. 개별적인 진보적 사회정치가들은 심지어 하루 5시간 노동으로도 전적으로 충분할 것이라고 주장한다. [50] 유대인 협회와 유대인 회사는 바로 그것에서 풍부한 새로운 경험들을 수집하게 될 것이며, ─ 그것은 지구상의 그 밖의 민족들에게도 유용한 것이 될 것이다 ─ 만약 7시간 노동이 실천적으로 가능하다는 것이 드러난다면, 우리의 미래의 국가는 그것을 법률적인 정규 노동일로서 도입하게 될 것이다.

오직 유대인 회사만큼은 지속적인 방식으로 자기의 직원들에게 하루 7시간 노동을 부과할 것이다. 회사는 언제라도 그렇게 할 수 있을 것이다.

그러나 우리는 하루 7시간 노동을 바로 자유롭게 몰려들어야 할 세계 모든 지역의 우리 사람들을 불러 모으기 위해 필요로 한다. 우리 나라는 실제로 약속의 땅이 되어야만 한다. ……

그런데 7시간보다 더 오랫동안 노동하는 사람은 초과 시간에 대한 초과 임금을 화폐로 받는다. 그의 모든 필수품이 제공되고, 그의 가족

가운데 노동할 수 없는 사람들은 그곳으로 이식된 집중화된 자선기관들로부터 필요한 것을 공급받게 될 것이기 때문에, 그는 얼마간을 저축할 수 있다. 우리는 우리의 사람들에게 본래부터 존재하는 저축 충동을 촉진하고자 하는데, 왜냐하면 그것은 개인이 더 높은 계층으로 상승하는 것을 쉽게 하고, 나아가 우리는 그것을 가지고서 미래의 융자를 위한 엄청난 자본 비축을 마련할 수 있기 때문이다.

하루 7시간 노동을 초과하는 시간은 3시간 이상 지속되어서는 안 되며, 또한 의사의 확인서에 따라서만 허락될 것이다. 왜냐하면 우리의 사람들이 새로운 삶 속에서 일하기 위해 몰려들 것이기 때문이거니와, 세계는 우리가 얼마나 근면한 민족인지를 비로소 보게 될 것이다.

토지 획득자의 현물 임금 제도(상품권 등등)가 [51]어떻게 정비되어야 하는지에 대해서는 독자들을 혼란에 빠뜨리지 않기 위해 나는 다른 수많은 세부사항들과 마찬가지로 지금이 아니라 나중에 논의하고자 한다.

여성들은 어떠한 어려운 노동에 대해서도 허락되지 않을 것이며, 초과 시간 노동도 수행해서는 안 된다. 임신한 여성들은 모든 노동으로부터 면제되며, 현물로 더 풍족한 음식을 공급받게 될 것이다. 왜냐하면 우리는 미래에 강건한 세대를 필요로 하기 때문이다.

우리는 아이들을 처음부터 곧바로 우리가 원하는 대로 교육하고자 한다. 나는 지금 그에 대해서는 다루고자 하지 않는다.

내가 방금 노동자 주택으로부터 출발하여 미숙련 노동자들과 그들의 생활방식에 대해 말한 것은 그 밖의 것들과 마찬가지로 유토피아가 아니다. 그 모든 것은 이미 현실 속에 출현해 있지만, 다만 너무도 작은 규모로 나타나 주목받지 못하고 이해되지 못하고 있을 뿐이다.

내가 파리에서 알게 되어 이해할 수 있게 된 '노동에 의한 구제 Assistance par le Travail'는 내게 있어 유대인 문제의 해결을 위해 커다란 가치를 지닌 것이었다.


## 노동에 의한 구제

지금 파리와 프랑스의 여러 다른 도시들, 그리고 영국과 스위스 그리고 아메리카에 존재하는 노동에 의한 구제Arbeitshilfe는 작고 허약한 것이지만, 그로부터 가장 커다란 것이 만들어질 수 있다.

노동에 의한 구제의 원리는 무엇인가?

원리는 필요로 하는 모든 이에게 '미숙련 노동unskilled labour', 즉 쉽고 숙련되지 않은 노동, 예를 들면 목재 자르기나 파리의 가정에서 화덕의 불을 지피는 데 사용하는 '불쏘시개 단margotins' 생산을 제공하는 것이다.

그것은 [52]범죄를 저지르기 **이전의**, 다시 말하면 불명예스럽지 않은 일종의 교도소 노동이다. 어느 누구도 일하고자 한다면 더 이상 궁핍으로 인해 범죄로 나아갈 필요가 없다. 굶주림으로 인한 자살은 더 이상 범해져서는 안 된다. 이러한 자살은 본래 부유한 자들이 식탁에서 개에게 맛있는 것을 던져주는 문화의 가장 분격할 만한 오점들 가운데 하나이다.

그러므로 노동에 의한 구제는 모든 이에게 일자리를 제공한다. 그러면 그것은 생산물을 판매하는가? 아니다. 최소한 충분하게는 아니다. 여기에 기존 조직의 결함이 존재한다. 이 노동에 의한 구제 기관은 언제나 손해를 보며 일한다. 하지만 그것은 손해로 파악되지 않는다. 그것은 바로 자선기관인 것이다. 여기서 자선은 생산원가와 받은 가격 사이의 차이로서 나타난다. 걸인에게 5상팀짜리 동전 두 개를 던져주는 대신, 노동에 의한 구제 기관은 결국 그 만큼의 돈을 손해 보게되는 일자리를 그에게 제공한다. 그러나 가치 있는 노동자가 된 아무 쓸모없는 걸인은 1프랑 50상팀*을 번다. 10상팀에 무려 150상팀이다! 다시 말하면 그것은 15배로 늘어난, 더 이상 어느 누구도 부끄럽지 않게 하는 자선이다. 다시 말하면 10억 마르크에서 150억 마르크가 만들어지는 것이다! 물론 그 노동에 의한 구제 기관은 10상팀을 손해본다. 하지만 유대인 회사는 10억 마르크를 손해 보는 것이 아니라거대한 이익을 달성하게 될 것이다.

여기에 도덕적인 것이 덧붙여진다. 이미 지금 존재하고 있는 소규모의 노동에 의한 구제 기관에 의해 일자리가 없는 사람이 그의 이전의 직업이나 새로운 직업에서 그의 능력들에 적절한 자리를 발견할때까지 노동에 의한 윤리적인 바로 세움이 달성되고 있다. 그는 날마다 [53]직업을 찾기 위해 쓸 수 있는 몇 시간을 자유롭게 가지며, 또한 구제 업무를 중개하기도 한다.

지금까지의 소규모 기관의 결함은 목재상들 등등에 대한 어떠한 경쟁도 이루어져서는 안 된다는 점이다. 목재상들 등등은 선거권자들이거니와, 그들은 목소리를 높일 것이고 또 당연히 그러한 권리를 지닐 것이다. 또한 국가의 교도소 노동에 대해서도 경쟁이 이루어져

---

* 프랑과 상팀은 프랑스와 벨기에, 스위스의 화폐 단위이다.

서는 안 되는데, 국가는 자기의 범죄자들에게 일거리를 제공하고 또 먹을 것을 공급해야만 하는 것이다.

낡은 사회에서는 '노동에 의한 구제'를 위한 공간을 창출하기가 일반적으로 어려울 것이다. 그러나 우리의 새로운 사회에서는 그 공간이 존재한다!

무엇보다도 우선 우리는 우리의 최초 정착노동들, 즉 도로 건설, 삼림 간벌, 지면 고르기, 철도 건설 그리고 전신 설치 등등을 위해 엄청난 양의 '미숙련 노동자들'을 필요로 한다. 그 모든 것은 처음부터 확정되어 있는 거대한 계획에 따라 이루어질 것이다.


## 시장 상거래

그런데 우리가 노동을 새로운 나라로 옮겨 놓음으로써 우리는 또한 곧바로 시장 상거래Marktverkehr도 함께 들여 올 것이다. 물론 처음에는 다만 최초의 생활필수품들, 가령 그 가운데 몇 가지만을 언급하자면, 가축, 곡물, 작업복, 작업도구, 무기의 시장만이 존재할 것이다. 처음에 우리는 그것을 이웃 국가들과 유럽에서 구입할 것이지만, 가능한 한 빨리 독자적으로 만들어야 할 것이다. 유대인 기업가들은 거기서 그들에게 어떤 전망들이 열리는지를 빠르게 파악하게 될 것이다.

점차적으로 유대인 회사의 다수의 직원들에 의해 |54|좀 더 고급한 욕구들이 그곳으로 옮겨가게 될 것이다. (여기서 나는 방위 부대의 장교들도 직원에 포함시키는데, 그들은 언제나 남성 이주자의 약 10

분의 1에 달해야 할 것이다. 그 정도면 나쁜 사람들의 폭동에 맞서기에
충분할 것이다. 물론 대부분은 평화를 사랑할 것이다.)

훌륭한 지위에 있는 직원들의 좀 더 고급한 욕구들은 다시 좀 더
고급한 시장을 산출할 것이며, 따라서 시장은 점차적으로 성장할 것
이다. 거기에 새로운 집이 건축되자마자 결혼한 사람들은 그들의 가
족을 뒤따라오게 할 것이며, 독신자들은 그들의 부모와 형제자매를
오게 할 것이다. 우리는 바로 이러한 움직임을 지금 아메리카 합중국
으로 이주하는 유대인들에게서 보고 있다. 어떻게든 먹을 빵을 갖게
된 사람은 곧바로 자기의 사람들을 뒤따라오게 하는 것이다. 가족의
유대는 바로 유대 민족에게서 그토록 강하다. 유대인 협회와 유대인
회사는 가족을 더욱 더 강화하고 육성하기 위해 협력할 것이다. 내가
여기서 생각하고 있는 것은 도덕적인 것이 아니라— 그것은 자명하
다— 실질적인 것이다. 직원들은 추가로 결혼 수당과 자녀 수당을
받을 것이다. 우리는 지금 생존하고 있는 모든 사람들과 앞으로 뒤따
라오게 될 후손들 모두를 필요로 한다.


## 다른 범주의 정착지들

나는 이러한 설명의 주요 고리를 유대인 회사에 의해 독자적으로
수행되는 노동자 주택 건축에 한정해 왔다. 이제 나는 다른 범주의
정착지들로 되돌아오고자 한다. 소시민들에게도 유대인 회사는 자기
의 건축기사들로 하여금 교환 대상물들로서나 현금을 대가로 주택을
지어주도록 할 것이다. [55]유대인 회사는 자기의 건축기사들로 하여

금 가령 100가지 유형의 주택들을 제작하고 또 그 숫자를 늘리도록 할 것이다. 이 매력적인 견본들은 동시에 선전Propaganda의 한 부분을 형성할 것이다. 모든 주택은 각각의 고정된 가격을 가지며, 완성된 주택의 품질은 그 주택 건축으로 아무것도 벌어들이고자 하지 않는 유대인 회사에 의해 보증될 것이다. 그러면 이 주택들은 어디에 위치할 것인가? 이 문제에 대해서는 지역 집단들을 다루는 장에서 논의하게 될 것이다.

유대인 회사가 건축 일들에서는 아무것도 벌어들이고자 하지 않고 다만 토지와 대지에서만 벌어들이고자 하는 까닭에, 그것이 바람직하게 되는 것은 다만 아주 많은 자유로운 건축가들이 사적인 주문을 받아 건축할 때뿐이다. 그에 의해 토지 소유는 더 많은 가치를 지니게 될 것이고, 그에 의해 사치가 그 땅에 들어오게 될 것인데, 우리는 여러 가지 목적들을 위해서 사치를 필요로 한다. 특히 예술을 위해서와 산업을 위해서, 그리고 나중의 먼 미래에서는 거대한 부의 분할을 위해서.

그렇다, 바로 지금 자신들의 귀중품들을 불안해하며 숨겨야만 하고, 커튼을 낮게 드리운 채 불편한 연회를 베풀고 있는 부유한 유대인들은 그곳에서 자유롭게 향유해도 될 것이다. 이 이주가 그들의 도움으로 실현될 때, 우리에게 있어 그 자본은 그곳에서 복권되어 있을 것이다. 그리고 그 자본은 유례없는 작업 속에서 자신의 유용성을 보여주었을 것이다. 만약 가장 부유한 유대인들이 유럽에서 사람들이 이미 아주 삐딱한 눈으로 쳐다보는 자신들의 대저택을 그곳에 건축하기 시작하면, 이내 그곳에서는 화려한 주택들에 정주하는 것이 현대적인 것이 될 것이다.

## |56|청산의 몇 가지 형식들

유대인 회사는 유대인들의 부동산에 대한 인수자Übernehmer 내지 관리자Verweser로서 생각되어 있다.

주택들과 토지들의 경우 이 과제들은 쉽게 구성될 수 있다. 그러나 사업들Geschäften의 경우는 어떻게 해야 할 것인가?

그 경우에는 형식들이 다양할 것이다. 그것들은 심지어 사전에 개관될 수 없을 정도이다. 하지만 거기에는 어떠한 어려움도 포함되어 있지 않다. 왜냐하면 각각의 개별적인 경우에 사업의 소유자는 만약 그가 이주를 자유롭게 결정한다면 그에게 가장 유리한 형식의 청산 Liquidation 계약을 그 구역의 유대인 회사 지사와 맺게 될 것이기 때문이다.

그 경영에서 소유자의 개인적인 활동이 중심적인 것이고 소량의 상품이나 설비는 부차적인 것인 아주 작은 규모의 사업자 경우에 재산의 이식은 대단히 쉽게 수행될 수 있다. 이주자의 개인적인 활동을 위해 유대인 회사는 확실한 분야의 일들을 창출할 것이며, 그의 소량의 비품들은 저쪽에서 그에게 기계들을 함께 대여해 주는 약간의 토지로 대체될 수 있다. 새로운 일들을 우리의 기민한 사람들은 빠르게 익히게 될 것이다. 유대인들은 잘 알려져 있듯이 어떠한 종류의 생업에도 급속하게 적응한다. 그리하여 많은 상인들이 소농 경영자로 될 수 있을 것이다. 유대인 회사는 심지어 좀 더 가난한 사람들의 가지고 갈 수 없는 소유물을 인수할 때 있을 수 있는 겉보기의 손실에 기꺼이 동의할 수 있다. 왜냐하면 회사는 그렇게 함으로써 소규모로 구획된 토지들에 대한 자유로운 경작을 달성하게 될 것인데, 이를 통해 그에 인접한 토지들의 가치가 올라갈 것이기 때문이다.

|57|물품으로 이루어진 설비가 소유자의 개인적인 활동만큼 중요하거나 훨씬 더 중요하고 그에 대한 신용이 결정적으로 계량 불가능한 것으로서 덧붙여지는 중간 규모의 기업들에서는 다양한 형식의 청산들이 생각될 수 있다. 그것은 또한 기독교인들의 대내적인 이주가 수행될 수 있는 주요 사항들 가운데 하나이기도 하다. 떠나가는 유대인은 자기의 개인적 신용을 상실하는 것이 아니라 그것을 함께 가지고 가 저쪽에서의 창업을 위해 훌륭하게 사용하게 될 것이다. 유대인 회사는 그에게 대체 계좌를 개설해 준다. 그는 또한 자신의 지금까지의 사업을 자유롭게 매각하거나 회사 기관의 감독 하에 있는 지배인에게 넘겨줄 수도 있다. 지배인은 임대 관계를 맺을 수도 있고, 아니면 지배인의 일정한 할부금을 지불함으로써 점차적인 구매의 길을 열어나갈 수도 있다. 유대인 회사는 자기의 감독 직원들과 변호사들을 통해 남겨진 사업의 적절한 관리와 지불금의 올바른 수취를 배려한다. 여기서 유대인 회사는 부재 주인의 관리자이다.

그러나 유대인이 자기의 사업을 매각할 수도 없고 또 대리인에게 맡길 수도 없으며, 그럼에도 불구하고 그것을 그냥 포기하고자 하지도 않는다면, 그는 바로 지금의 거주지에 그대로 머무를 수 있을 것이다. 이렇듯 뒤에 남는 자들의 경우에도 그들의 현재의 형편이 더 나빠지지는 않을 것이다. 그들은 이미 떠난 자들과의 경쟁에서 벗어나 있을 것이고, "유대인들에게서 사지 말라!Kauft nicht bei Juden!"고 하는 반유대주의는 중단되어 있을 것이기 때문이다.

이주하는 사업 소유자가 저쪽에서 다시 동일한 사업을 경영하고자 한다면, 그는 [58]처음부터 그것을 준비할 수 있다. 우리는 그것을 예를 통해 보여주고자 한다. 가령, 회사 X는 유행 상품 사업을 하고 있다. 그 소유주는 이주하기를 원한다. 그는 우선 자기의 미래 거주지에 지사를 설립하여 거기에 자기의 상품들 가운데 철지난 것들을 공급한다. 최초의 가난한 이주자들이 그곳에서 고객이 된다. 점차적으로 좀 더 높은 유행 욕구를 지니는 사람들이 그곳으로 옮겨간다. 이제 회사 X는 좀 더 새로운 물건들을 보내고, 마침내 최신 유행 상품들을 보낸다. 지사는 본사가 여전히 존재하는 동안에도 그 스스로 이미 이익을 남긴다. 결국 회사 X는 두 개의 사업을 갖게 된다. 소유주는 오랜 사업을 매각하거나 자기의 기독교인 대리인에게 경영을 맡긴다. 그리고 그 자신은 그곳으로 가서 새로운 사업을 맡는다.

또 다른 좀 더 대규모의 예를 들어보자. Y & Sohn 회사는 광산들과 공장들을 가지고 있는 대규모의 석탄 사업을 하고 있다. 그러한 거대하고 복합적인 재산은 어떻게 청산될 수 있을 것인가? 석탄 광산과 그것에 관계된 모든 것은 첫째, 그것이 위치한 국가에 의해 매입될 수 있다. 둘째, 그것을 유대인 회사가 매입하고 대금을 한편으로는 저쪽의 토지들로, 다른 한편으로는 현금으로 지불할 수 있다. 세 번째 가능성은 자기의 주식회사 'Y & Sohn'을 설립하는 것이다. 네 번째 가능성은 이미 이주한 소유자가 지금까지 방식으로 계속해서 경영하는 것인데, 물론 그들은 때때로 자신의 재산을 시찰하기 위해 외국인으로서 되돌아 올 것이지만, 그들도 역시 바로 문명화된 국가들에서 완전한 법적 보호를 누리게 될 것이다. 이 모든 것을 우리는 바로 생활 속에서 날마다 보고 있다. 네 번째의 특히 결실 있고 훌륭한 가능성을 나는 다만 암시하고자 할 뿐인데, 왜냐하면 비록 그것이 아무리 우리의 근대적 의식에 이미 가까이 놓여 있을지라도 그에 대해서는 [59]생활 속에서 아주 소수의 취약한 예들만이 존재하기 때문이다. Y & Sohn 회사는 자신의 기업을 현재의 종업원 전체에게 보상을 받고 넘길 수 있을 것이다. 종업원들은 유한 책임을 지는 협동조합을 구성하고, 아마도 높은 이자를 받지 않는 주 재무부의 도움을 받아 Y & Sohn 사에게 상환금을 지불할 수 있을 것이다. 그 후 종업원들은 그들에 대해 주 재무부나 유대인 회사 또는 Y & Sohn 사 자신이 제공한 대부금을 점차로 상환해 나간다.

유대인 회사는 아주 작은 것들로부터 아주 커다란 것들에 이르기까지 청산 작업을 수행할 것이다. 그리고 유대인들이 조용하고 평화롭게 이주하여 새로운 고향을 건설하는 동안, 유대인 회사는 철수를 주도하고 남겨진 재산을 보호하며 유대인들의 가시적이고 손에 잡을 수 있는 재산의 질서 잡힌 청산을 보증하고 이미 이주한 자들에 대해 지속적으로 책임지는 커다란 법적 인격으로서 거기에 존재한다.


## 유대인 회사의 보증들

유대인 회사는 유대인들이 떠난 나라들에서 어떠한 빈곤화나 경제적 위기도 발생하지 않을 것임을 어떠한 형식으로 보증할 수 있을 것인가?

정직하고 분별 있는 반유대주의자들이 우리에게 가치 있는 독립성을 존중해 주는 가운데 이를테면 민중적인 통제 관청으로서 일에 참여해야 할 것이라는 점에 대해서는 이미 이야기한 바 있다.

　그러나 국가는 국고와 관련한 이해관계에서 손해를 입을 수 있다. [60]국가는 물론 시민으로서는 거의 평가받지 못하지만 재정적으로는 높이 평가되는 일군의 납세자들을 잃게 된다. 국가에게는 그에 대해 보상이 제공되어야만 한다. 우리는 그 보상을 국가에게 물론 간접적으로, 즉 우리가 우리의 유대적인 명민함과 우리의 유대적인 근면함으로 이룩해 놓은 사업들을 그 나라에 남겨둠으로써, 그리고 또한 우리가 포기한 자리들에 기독교인인 동료 시민들이 줄지어 진출하도록 하여 이렇듯 평화적인 방법으로 대중들의 복지 상태로의 유례없는 상승을 가능하게 함으로써 제공하게 될 것이다. 프랑스 혁명은 작은 규모로 뭔가 유사한 것을 보여주었다. 하지만 그 경우에는 그것을 위해 단두대 아래에서와 그 나라의 모든 지역들에서 그리고 유럽의 전쟁터들에서 피가 강처럼 흘러야만 했다. 더 나아가 그것을 위해서는 상속받거나 스스로 획득한 권리들이 분쇄되어야만 했다. 그리고 그 경우에는 오로지 국가 재산의 간교한 구입자들만이 부유해졌다.

　유대인 회사는 자기의 활동 영역 내에서 개별적인 국가들에게 또한 직접적인 이익도 가져다 줄 것이다. 어디에서나 정부들에게는 남겨진 재산들을 유리한 조건들로 매입하는 것이 보증될 수 있다. 나아가 정부들은 이렇게 호의적으로 수용된 것들을 대규모로 일정한 사회적 개선들을 위해 사용할 수 있을 것이다.

　유대인 회사는 기독교 시민들의 대내적인 이주를 이끌고자 하는 정부들과 의회들의 노력에 도움을 아끼지 않을 것이다. 유대인 회사는 또한 많은 세금을 내게 될 것이다.

　본사는 런던에 자리 잡게 될 것인데, [61]왜냐하면 사법私法적인 권리를 지니는 유대인 회사는 현재 반유대주의적이지 않은 커다란 권력의 보호 아래 있어야만 하기 때문이다. 그러나 유대인 회사는 공식적으로나 반#공식적으로 뒷받침을 받게 된다면 어디서나 광범위한 세금원을 제공하게 될 것이다. 왜냐하면 유대인 회사는 곳곳에 과세할 수 있는 자회사와 지사들을 설립할 것이기 때문이다.

더 나아가 회사는 이중적인 부동산 양도의 이익을, 따라서 이중적인 수수료를 제공하게 될 것이다. 유대인 회사는 그것이 오로지 부동산 중개자로서만 등장하는 곳에서도 일시적으로는 매입자의 모습을 취하게 될 것이다. 회사는 스스로가 소유하고자 하지 않을지라도 토지 등기부 상으로는 한동안 소유자로서 등재될 것이다.

그런데 물론 그것은 순수하게 계산상의 문제들이다. 모든 곳에서 유대인 회사는 그런 일들에서 자기의 존재를 위험에 빠뜨리지 않고서 얼마나 멀리까지 나아갈 수 있는지를 고려하고 결정해야만 할 것이다. 회사는 그 문제들에 관해 각 정부의 재무장관들과 함께 허심탄회하게 토의할 것이다. 이들은 우리의 선의를 명확히 보게 될 것이며, 따라서 그들은 어디에서나 거대한 과업의 성과 있는 수행을 위해 분명히 요구되는 이런저런 편리를 베풀어 주게 될 것이다.

또 다른 직접적인 이익은 재화와 사람들을 수송하는 데서 생겨날 것이다. 철도가 국영인 곳에서 이 점은 곧바로 명확하지 않을 수 없다. 사유 철도들의 경우에 유대인 회사는 모든 대규모 운송업자와 마찬가지로 우대 조치를 받을 것이다. 유대인 회사는 물론 우리 유대인들로 하여금 가능한 한 값싸게 여행하고 또 화물도 적은 비용으로 싣고 갈 수 있도록 해야만 하는데, 왜냐하면 각각의 모든 이들은 자기 비용으로 저쪽으로 가게 될 것이기 때문이다. 중간층들은 쿡 시스템das

System Cook을 그리고 가난한 계급들은 [62]이민 열차를 이용할 수 있을 것이다. 유대인 회사는 여객과 화물에 대한 가격 할인으로 많은 이익을 거둘 수 있겠지만, 그 원칙은 여기서도 다만 자기 유지비용을 보전하는 것이어야만 한다.

많은 곳에서 운송은 유대인들의 손으로 이루어진다. 운송 사업들은 유대인 회사가 필요로 하는 첫 번째 사업이자 그에 의해 청산되는 첫 번째 사업이다. 이 사업들의 지금까지의 소유주들은 유대인 회사에 고용되거나 저쪽에서 자유롭게 개업한다. 도착 장소들에서도 당연한 일이지만 맞이해 들이는 운송업자들이 필요하며, 이것이 훌륭한 사업인 까닭에, 그리고 저쪽에서 곧바로 이익을 가져다 줄 수 있고 또 그래야 하는 까닭에 그에 대한 기업 의욕이 없을 수 없을 것이다. 이 대량 운송과 관련한 사업상의 구체적이고 개별적인 사항들을 지금 상세하게 논의할 필요는 없다. 그 개별적인 사항들은 주어진 목적으로부터 신중하게 전개되어 나올 수 있거니와, 많은 유능한 사람들이 그 목적이 어떻게 가장 훌륭하게 달성될 수 있는지에 관해 숙고해야할 것이며 그로부터 훌륭한 계획이 만들어질 것이다.


## 유대인 회사의 몇 가지 활동들

많은 활동들이 상호작용하게 될 것이다. 다음과 같은 한 가지 예만 들고자 한다. 점차적으로 유대인 회사는 처음의 초기 정착지들에서 공업 물품들을 생산하기 시작할 것이다. 우선은 우리 자신의 가난한 이주자들을 위한 것들, 즉 의복과 속옷 그리고 신발 등등을 공장 식으로 대량 생산하게 될 것이다. 왜냐하면 유럽의 출발 장소들에서 우리의 가난한 사람들은 새로운 옷들을 제공받게 될 것이기 때문이다. 그들은 이 옷들을 선물로서 기증받지 않을 것인데, 왜냐하면 그들은 자존심에 손상을 입어서는 안 되기 때문이다. 그들에게는 다만 그들의 낡은 의복들이 새로운 것들로 교환될 뿐이다. [63] 그 경우 유대인 회사가 손해를 보게 되면 그것은 사업 손실로 장부에 기록된다. 전적으로 아무런 소유도 없는 사람들은 의복 제공에 대해 유대인 회사의 채무자가 될 것이며, 그들의 빚을 저쪽에서 공정하게 계산하여 그들에게 허용되는 초과 노동 시간으로 갚게 될 것이다.

그밖에 이 모든 점들에서 기존의 이주 협회들은 조력하며 관여할 수 있는 기회를 가질 것이다. 그들이 이주하는 유대인들을 위해 지금까지 하곤 했던 모든 것을 그들은 앞으로는 유대인 회사의 이주 개척자들을 위해 해야 할 것이다. 그러한 협력의 형식들은 쉽게 발견될 수 있을 것이다.

가난한 이주자들의 새로운 의복에는 이미 다음과 같은 무언가 상징적인 것이 포함되어 있어야 한다. 당신은 지금 새로운 삶을 시작한다! 유대인 협회는 출발하기 오래 전부터 그리고 또한 여행 도중에 기도와 대중 강연, 계획의 목적과 새로운 거주지를 위한 위생상의 규정들에 관한 교육들, 미래의 노동에 대한 안내들을 통해 진지하면서도 축제적인 정신을 획득할 수 있도록 배려할 것이다. 왜냐하면 약속의 땅das Gelobte Land은 노동의 땅das Land der Arbeit이기 때문이다. 그러나 이주자들은 도착할 때 우리 관청의 최고위층들에 의해 장엄하게 환영받게 될 것이다. 하지만 어리석은 환호는 없을 것인데, 왜냐하면 약속의 땅은 이제 비로소 획득되어야만 하기 때문이다. 그러나 이미 이들 가난한 사람들도 자기들이 자기 고향에 와 있음을 알아야 한다.

가난한 이주자들을 위한 유대인 회사의 의류 공업은 물론 계획 없이 생산하지 않을 것이다. 지역 집단들로부터 보고를 받게 될 유대인 협회를 통해 유대인 회사는 |64|충분한 시간적 여유를 가지고서 이주자들의 숫자, 도착 날짜 그리고 그들의 욕구들을 알아야만 한다. 그렇게 해서 그들에 대해 주의 깊게 미리 대비하는 것이 가능할 것이다.

## 산업의 활성화

유대인 회사와 유대인 협회의 과제들은 이 구상에서는 분리되어 따로 제시될 수 없다. 사실상 이 두 커다란 기관들은 지속적으로 협력해야만 할 것이다. 유대인 회사는 유대인 협회의 도덕적 권위와 뒷받침에 의존하여 그에 머무를 것이며, 그와 마찬가지로 유대인 협회에게는 유대인 회사의 물질적 도움이 결여될 수 없다. 예를 들면 의류 공업을 계획적으로 이끌어 나가는 데는 생산 위기들을 회피하기 위한 취약한 초기의 시도, 즉 공급과 수요의 균형을 맞추기 위한 시도가 포함되어 있다. 유대인 회사가 산업가로서 등장하는 모든 분야들에서 일들은 그렇게 진행되어야 할 것이다.

그러나 유대인 회사는 결코 자기의 우세한 힘으로써 자유로운 개별 기업들을 억눌러서는 안 된다. 우리는 다만 그 과제의 엄청난 어려움들이 요구하는 곳에서만 집단주의자들Kollektivisten이다. 그밖에 우리는 개인das Individiuum의 권리를 각별한 애정을 가지고서 돌보고자 한다. 독립의 경제적 기초인 사유 재산은 우리들에게 있어 자유롭고도 존중받으면서 발전되어야 할 것이다. 우리는 사실 즉각적으로 우리의 최초의 미숙련 노동자들로 하여금 사유 재산으로 상승해 갈수 있도록 할 것이다.

진취적인 기업가 정신은 가능한 모든 방식으로 촉진되어야 한다. 산업들의 설치는 신중한 관세 정책과 값싼 원료의 적용에 의해 그리고 산업 통계를 위한 기관과 [66]그 통계의 공개적인 고시를 통해 조장될 것이다.

진취적인 기업가 정신은 건강한 방식으로 고무될 수 있다. 투기적인 무계획성은 회피되어야 한다. 새로운 산업들의 창업은 적절한 시기에 공시되어야 하는데, 그렇게 하는 것은 반 년 후에 구상하게 된기업가들이 그 사업에 뛰어듦으로써 위기와 불행에 빠지는 것을 막기위해서이다. 새로운 산업의 설치 목적이 유대인 협회에 통지되어야하기 때문에, 기업 상황들을 언제나 모든 사람이 알 수 있을 것이다.

더 나아가 기업가들에게는 집중화된 노동력들이 제공될 것이다. 기업가들은 노동 중개 본부Dienstvermittlungszentrale의 도움을 받을수 있는데, 그에 대해 본부는 기업가들로부터 다만 자기의 유지를위해 필요한 수수료만을 받을 것이다. 예를 들면, 기업가들은 내일부터 3일간이나 3주간 또는 3개월간 5백 명의 미숙련 노동자들을 필요로한다고 전보를 친다. 아침에 노동 중개 본부가 동원 가능한 노동자들이 있는 이곳저곳에서 끌어 모은 5백 명의 노동자들이 농업 기업이나공업 기업에 도착한다. 노동자들은 거기서 오합지졸에서 의미 있는조직으로 군대식으로 단순화된다. 물론 자명한 일이지만 노예 일꾼이제공되는 것이 아니라 다만 자신들의 조직을 유지하고 장소가 변하더

라도 계급과 승진 그리고 연금을 받는 퇴직이 보장되는 복무 기간이 지속되는 하루 7시간 노동자들이 제공될 뿐이다. 자유로운 기업가는 또한 다른 곳에서도 |66| 원한다면 자신의 노동력을 충원할 수 있다. 그러나 그들은 그렇게 하기가 쉽지 않을 것이다. 비-유대인 노예 일꾼들을 영토 내로 끌어들이는 것을 유대인 협회는 완강한 산업가에 대한 일정한 보이콧과 거래 금지 및 그 밖의 조처들을 통해 좌절시킬 수 있을 것이다. 따라서 사람들은 7시간 노동자들을 받아들여야만 할 것이다. 그리하여 우리는 거의 아무런 강제 없이 7시간의 정규 노동일에 점차 접근하게 된다.


## 전문 노동자의 정착

미숙련 노동자들에게 적용되는 것이 좀 더 고급한 숙련된 전문 노동자들Facharbeitern에게 좀 더 쉽게 적용된다는 점은 명확하다. 공장들의 분업 노동자들이 동일한 규율 아래 모여 일할 수 있게 될 것이다. 노동 중개 본부가 그들을 관리한다.

그런데 우리가 미래의 기술 진보와 관련하여 좀 더 보호, 육성하고자 하는 자립적인 수공업자들과 소규모의 사람들을 고용하는 장인들에 관한 한, 그들에게 우리는 그들이 더 이상 젊은 사람들이 아닐 경우에도 기술적인 지식들을 제공하고자 하거니와, 그들에게는 시냇물의 마력馬力과 전깃줄에서의 빛에 관한 지식이 전달되어야 하는 것이다. 이러한 자립적인 노동자들도 역시 유대인 협회의 노동 중개 본부에 의해 발견되어 관리되어야 한다. 여기서 예를 들면 지역 집단들이 노동 중개 본부에 다음과 같이 의뢰하는 것이다. "우리는 이만저만한 숫자의 소목장이들, 철물장이들, 유리장이들 등등을 필요로 한다." 본부는 그것을 공고한다. 사람들이 서로 그 소식을 전한다. 그들이 자신들의 가족과 함께 그들을 필요로 하는 곳으로 옮겨오고, 혼란스러운 경쟁의 압력을 받지 않은 채 그곳에 계속해서 거주한다. [67] 그리하여 그들을 위해 영구적이고 훌륭한 고향이 성립한다.

## 자금 조달

유대인 회사의 주식 자본으로서 터무니없이 환상적인 것으로 들리는 금액이 가정된 바 있다. 현실적으로 필요한 주식 자본의 수준은 금융 전문가들에 의해 확정되어야만 할 것이다. 어느 경우든 그것은 거대한 금액이 될 것이다. 이 자본은 어떻게 조달되어야 할 것인가? 이를 위해서는 유대인 협회가 고려하게 될 세 가지 형식이 존재한다.

유대인 협회, 이 위대한 도덕적 인격, 즉 유대인들의 대행자Gestor는 우리의 가장 순수하고 가장 훌륭한 사람들로 이루어지는데, 그들은 그 일로부터 어떠한 재산상의 이익도 끌어낼 수 없으며 또 그리 하려고 해서도 안 된다. 비록 유대인 협회가 처음에는 도덕적 권위 이외에 다른 아무것도 소유할 수 없다고 할지라도, 그럼에도 불구하고 이 도덕적 권위는 유대 민중에 대해 유대인 회사에 대한 신임을 확립하기에 충분할 것이다. 유대인 회사는 오로지 유대인 협회로부터 이를테면 재가를 받을 때에만 사업상의 성공에 대한 전망을 지니게 된다. 그러므로 유대인 회사를 형성하기 위해 그저 자본가들의 임의적인 집단을 한데 모아놓을 수는 없을 것이다.

유대인 협회는 검증하고 선택하고 결정할 것이며, 설립을 비준하기 전에 계획의 성실한 수행을 위해 필요한 모든 보증이 확실히 될 수 있도록 할 것이다. 충분하지 못한 힘들을 지닌 실험들이 이루어져서는 안 되는데, 왜냐하면 이 사업은 최초의 시도에서 곧바로 성공해야만 하기 때문이다. 일의 초기 실패는 이념 전체를 수십 년 뒤로 미루어 놓도록 타협할 것이며, [68] 그 이념을 어쩌면 영원히 불가능하게 만들지도 모른다.

주식 자본 조달의 세 가지 형식은 다음과 같다. 1. 거대 은행을 통해. 2. 중간 규모 은행을 통해. 3. 대중적인 주식 청약을 통해.

거대 은행을 통한 설립이 가장 손쉽고 가장 빠르며 가장 확실한 방법일 것이다. 그 경우 요구되는 자금은 기존의 대규모 금융 집단들 내부에서의 단순한 협의를 거쳐 아주 짧은 시간 내에 조달될 수 있다. 그것은 ― 앞에서 가정된 바 있는 액수를 그대로 제시하자면 ― 10억 마르크 전부가 곧바로 납입될 필요가 없다는 커다란 장점을 지닐 것이다. 또 다른 장점은 또한 이 강력한 금융 집단의 신용이 사업에 주어지리라는 것이다. 유대인이 지닌 금융 권력에는 아직까지 이용되지 않은 아주 많은 정치적 힘들이 잠재해 있다. 이 금융 권력은 유대 민족의 적들에 의해 아주 효과적으로 활동하는 것으로 주장되지만, 물론 그것은 그럴 수도 있겠지만 사실상으로는 그렇지 않다. 가난한 유대인들은 다만 이 금융 권력이 불러일으키는 증오를 느낄 뿐이다. 그것이 야기할 수 있는 유용성, 즉 그들 고통의 경감을 가난한 유대인들은 아직 가지지 못하고 있다. 유대인 거대 금융가들의 신용 정책은 민족의 이념에 이바지하는 데에 놓여야만 할 것이다. 그러나 자신들의 형편에 전적으로 만족하는 이 신사들이 부당하게도 개인들의 대규모 재산에 대해 책임 있는 것으로 여겨지는 자신들의 유대인 형제들을 위해 무언가를 할 필요가 있다고 느끼지 않는다면, 이 계획의 실현은 그들과 유대 민족의 그 밖의 부분들 사이에 명확한 구분을 실행하는 기회를 제공할 것이다.

|69| 그밖에 거대 은행은 단연코 그토록 엄청난 액수를 자선의 동기에서 조달하도록 요구받지 않을 것이다. 그것은 어리석은 기대일 것이다. 유대인 회사의 설립자들과 주주들은 훌륭한 사업을 수행해야 할 것인바, 그들은 사전에 어떤 성공 기회들이 앞에 놓여 있는지에 관해 계산할 수 있을 것이다. 왜냐하면 유대인 협회는 유대인 회사의 전망들을 인식하는 데 이바지할 수 있는 모든 증거 자료들과 수단들을 소유하고 있을 것이기 때문이다. 유대인 협회는 특히 새로운 유대인 운동의 범위를 정확히 연구하여 그 결과를 회사의 설립자들에게 완전히 신뢰할 수 있는 방식으로 전달할 수 있게 될 것인데, 그것으로 유대인 회사는 얼마만큼의 출자가 필요한지 계산할 수 있을 것이다. 모든 것을 포괄하는 현대적인 유대인 통계를 만들어냄으로써 유대인 협회는 유대인 회사를 위해 — 이런 일은 프랑스에서 종종 행해지곤 하는데 — 매우 거대한 기업의 금융 조달에 착수하기 전에 연구 협회 Société d'études의 연구들을 마련하게 될 것이다.

그럼에도 불구하고 사업은 아마도 유대인 거대 자금 소유자들의 귀중한 찬동을 받지 못할 것이다. 이들은 어쩌면 심지어 그들의 비밀 하수인들과 대리인들을 통해 우리의 유대인 운동에 반대하는 투쟁을 끌어들이려고 시도할지도 모른다. 우리는 우리에게 강요되는 다른 모든 투쟁에 대해서와 마찬가지로 그러한 투쟁에 대해서도 가차 없이

단호하게 맞설 것이다.

거대 자금 소유자들은 어쩌면 거부하는 듯한 비웃음으로 그 일을 무시하는 데 만족할지도 모른다.

그로 인해 그 사업이 끝장날 것인가? — 아니다.

[70]그 다음으로 자금 조달은 두 번째 단계로, 즉 중간 정도로 부유한 유대인들에게로 나아간다. 중간 규모의 유대인 은행들은 민족 이념의 이름으로 거대 은행에 맞서 함께 결합함으로써 두 번째의 만만찮은 자본 권력을 형성해야만 할 것이다. 그러나 그것은 처음에 그로부터 단 한 번의 자금 거래가 이루어진다고 하는 나쁜 점을 가질 것인데, 왜냐하면 10억 마르크 전부가 납입되어야만 하기 때문이다. — 그렇지 않으면 우리는 시작하지 못할 것이다. — 그리고 이 자금이 아주 느리게만 사용될 수 있게 될 것인 까닭에, 우리는 처음 몇 년 사이에 온갖 종류의 금융업 거래와 대부 거래를 수행하게 될 것이다. 심지어는 그렇게 됨으로써 점차적으로 본래의 목적이 망각되고, 중간 정도로 부유한 유대인들이 새로운 대규모 사업을 발견하게 되고, 나아가 유대인 이주가 망각의 늪에 빠지게 되는 일도 배제되지 않는다.

물론 우리는 자금 조달을 이렇게 하겠다는 생각이 결단코 환상적이지 않다는 것을 알고 있다. 이미 여러 차례 거대 은행에 대항하여 가톨릭 자금을 모으고자 하는 시도가 이루어진 바 있다. 우리가 유대인 자금을 가지고서 그에 대항하여 싸울 수 있다는 것은 지금까지 생각된 적이 없다.

그러나 그 모든 것은 모종의 위기들을 결과할 것이다. 그리고 그러한 금융 갈등이 일어나는 나라들은 어떻게든 손해를 입게 될 것이며, 거기서는 반유대주의가 어떻게든 격증하지 않을 수 없을 것이다.

그러므로 나로서는 그것에 공감하지 않는다. 내가 그것을 언급하는 까닭은 다만 그것이 사상의 논리적 발전 안에 놓여 있기 때문일 뿐이다.

또한 중간 규모의 은행들이 과연 그 사업 구상을 받아들일 것인지의 여부에 대해서도 나로서는 알지 못한다.

어쨌든 그 사업은 중간 정도로 부유한 유대인들이 거부한다 하더라도 |71|끝장나지 않는다. 오히려 그러고 나서야 비로소 사업은 올바르게 시작될 것이다.

왜냐하면 그 경우에 장사꾼들로 구성되지 않는 유대인 협회는 유대인 회사의 설립을 민족적인 사업으로 시도할 수 있기 때문이다.

유대인 회사의 주식 자본은 거대 은행 신디케이트syndikate*나 중간 규모 은행 신디케이트의 중개 없이 직접적인 주식 청약 공모를 통해 조달될 수 있다. 가난한 소시민 유대인들뿐만 아니라 유대인들을 떠나보내고 싶어 하는 기독교인들도 전적으로 작은 부분들로 쪼개진 이러한 자금 조달에 참여하게 될 것이다.

이것은 평민 결의Plebiszite의 새롭고도 특유한 형식일 것인데, 여기서는 유대인 문제의 이러한 해결 형식에 찬성하는 모든 이들이 자신의 의견을 조건부의 주식 청약을 통해 표현할 수 있을 것이다. 조건 가운데 하나는 훌륭한 안전성이다. 청약금의 완전한 납입은 오로지 전체 액수가 가시화될 때만 이루어질 수 있을 것이다. 그렇지 않은 경우 이미 납입된 청약금은 반환될 것이다. 그러나 만약 필요한 액수

---

* 일반적으로 여러 기업의 공동 출자로 이루어지는 기업연합. 여기서는 금융기관들의 연합으로 이루어진 공사채 내지 주식 인수조합, 즉 은행단을 의미한다.

전체가 전 세계에서의 민족적 차원의 주식 청약에 의해 조달된다면, 각각의 모든 소액 자금들은 셀 수 없을 만큼 많은 다른 소액 자금들에 의해 보장될 것이다.

물론 이를 위해서는 관여된 정부들의 분명하고도 결정적인 도움이 필요할 것이다.

# Ⅳ. 지역 집단들

## |72|이식 *Die Verpflanzung*

지금까지는 다만 이주가 어떻게 경제적 동요 없이 수행될 수 있는가 하는 것만이 제시되었다. 그러나 그러한 이주에 있어서는 또한 마음의 여러 가지 강력하고도 깊은 움직임들이 존재한다. 우리 인간들은 우리를 그 지역들에 붙박이게 만드는 오랜 관습들과 기억들을 지닌다. 우리는 요람들을 지니며 또 무덤들을 지니고, 나아가 우리는 유대인의 가슴에 그 무덤들이 무엇을 의미하는지 알고 있다. 우리는 우리의 요람들을 가지고 갈 것인데, — 그 요람들 속에서는 우리의 미래가 장밋빛으로 그리고 환하게 미소 지으며 잠자고 있다.

우리의 사랑하는 무덤들을 우리는 포기해야만 하는데, — 나로서는 이 무덤들이야말로 자기 것을 굳게 지키고자 하는 민족인 우리가 우리로부터 분리해 내기가 가장 어려운 것이라고 생각한다. 하지만 우리는 그렇게 하지 않을 수 없다.

경제적 궁핍과 정치적 압력 그리고 사회적 증오가 이미 우리를 우리의 거주 지역들과 우리의 무덤들로부터 우리를 떼어놓는다. 우리 유대인들은 이미 지금도 매순간마다 한 땅에서 다른 땅으로 옮겨가고 있다. 하나의 강력한 운동이 심지어 바다 너머 아메리카 합중국으로 향해가고 있는데, — 거기서도 사람들은 우리를 바라지 않는다. 그렇다면 우리가 우리 자신의 고향을 가지지 않는 한에서, 어디서 사람들은 우리를 바라게 될 것인가?

그러나 우리는 유대인들에게 고향을 주고자 한다. 물론 우리는 그들을 그들의 삶의 터전으로부터 강제로 끌어냄으로써 그렇게 하고자 하지 않는다. 아니, 우리는 그들을 |73|주의 깊게 그들의 뿌리를 이루는 모든 것과 함께 떼어내 더 좋은 지반으로 옮겨 놓음으로써 그렇게 하고자 한다.

우리가 경제적인 것과 정치적인 것에서 새로운 관계들을 창조하고자 하는 것과 마찬가지로, 우리는 마음과 관련된 것에서는 오랜 모든 것을 성스럽게 보존할 생각이다. 따라서 이에 관해서는 단지 몇 가지의 암시만으로 충분할 것이다. 여기는 나의 계획이 열광적인 것으로서 여겨질 수 있는 위험이 가장 큰 부분이다.

그럼에도 불구하고 그것은 또한 가능하고 현실적이거니와, 그것은 다만 현실에서 무언가 혼란스럽고 어찌할 수 없는 것으로서 나타날 뿐이다. 조직화를 통해 그것은 이성적인 것이 될 수 있다.


## 집단 이주

우리의 사람들은 집단으로, 요컨대 가족들과 친구들의 집단으로 서로 함께 이주해야 한다. 그러나 어느 누구도 그가 지금까지 거주한 지역의 집단에 가담하도록 강제되지 않는다. 누구든지 간에 모두 다 자기의 용무들을 정리한 후 자기가 원하는 방식으로 여정에 나설 수 있다. 각각의 모든 이는 물론 자신의 비용으로 자신에게 알맞은 등급의 기차와 배를 타고 여행하게 될 것이다. 어쩌면 우리의 열차와 우리의 배는 하나의 등급만을 가지게 될지도 모른다. 소유의 구별은 그렇게 오랜 여행 기간 동안 더 가난한 자들을 괴롭힐 수 있기 때문이다. 그리고 비록 우리의 사람들에게 즐거운 여행을 제공하지 못한다 할지라도, 우리는 여행 도중에 그들의 기분을 상하게 하고자 하지 않는다.

아무도 빈곤 속에서 여행하지 않을 것이다. 그와는 반대로 품위 있는 안락함을 위해 모든 것이 가능해야 할 것이다. 사람들은 이미 오래 전에 약정을 맺게 될 것이거니와 — 바로 가장 유리한 경우에서 조차 이 운동이 개별적인 소유 계급들에게 있어서 진척되기 시작하기 까지는 또 몇 년이 지날 것이다 —, [74] 부유한 자들은 여행 모임들을 함께 꾸릴 수 있을 것이다. 사람들은 개인적인 관계들을 전부 다 가져 간다. 물론 우리는 가장 부유한 자들을 제외하면 거의 대부분의 유대 인들이 기독교인들과 전혀 교류하지 않는다는 것을 잘 알고 있다. 그리하여 많은 나라들에서 소수의 식객들과 차용인들 및 유대인의 일꾼들과의 교류마저도 견뎌내지 못하는 유대인은 일반적으로 기독 교인을 알지 못하는 것이다. 게토는 내면적으로 계속해서 존속한다.

그러므로 중간 계급의 사람들은 오랫동안 주의 깊게 여행의 출발을 준비하게 될 것이다. 각각의 모든 지역에서 여행자 집단이 형성된다. 대도시들에서는 구역들에 따라 다수의 집단들이 형성될 것인데, 그 집단들은 선발된 대표자를 통해 서로 교류하게 될 것이다.

이러한 구역으로의 구분이 어떤 의무사항인 것은 아니다. 본래 그 것은 다만 형편이 어려운 자들의 고통을 경감하기 위한 방책으로서 생각되었으며, 나아가 여행 도중에 아무런 불편함이나 향수병도 엄습 하지 않도록 하기 위해서이다. 혼자서 여행할 것인지 아니면 어느 지역 집단이든 거기에 가담할 것인지 하는 것은 모두에게 자유롭게 맡겨져 있다. — 계급들에 따라 구분된 — 조건들은 모두에 대해 똑같이 적용된다. 충분히 많은 숫자의 여행 모임이 조직될 때, 그들은 유대인 회사로부터 열차나 배를 전세로 제공받는다.

유대인 회사의 숙박 당국은 좀 더 가난한 자들에게 적합한 숙소를 배려해 줄 것이다. 부유한 자들이 이주하는 좀 더 나중의 시점에서 이 점은 이미 인식된 것이 되어 있을 터인데, 왜냐하면 쉽게 예견될 수 있는 그들의 숙박 욕구는 이미 자유로운 사적 기업가들의 호텔 건축을 불러일으켰을 것이기 때문이다. 또한 사실 부유한 이주자들은 그들의 정착지를 [75]이미 일찍부터 건설해 놓게 될 것인데, 따라서 그들은 버리고 떠난 낡은 집에서 새롭게 완성된 집으로 그저 이사할 필요가 있을 뿐이다.

우리의 지식인들 전체에게 우리는 그들이 해야 할 과제를 이제 비로소 지정해 줄 필요가 없을 것이다. 민족적 사상에 찬성하는 모든 이는 그 사상을 확산시키고 실현하기 위하여 자신의 영향권 내에서 어떻게 작용해야 하는지 알게 될 것이다. 우리는 누구보다도 우선 우리의 성직자들Seelsorger의 협력을 호소하고자 한다.

## 우리의 성직자들

각각의 모든 집단은 자기의 랍비Rabbiner(Rabbi)*를 지닐 것인데, 그는 자기의 공동체와 함께 갈 것이다. 모든 집단은 자발적으로 형성되며, 지역 집단은 랍비를 중심으로 형성될 것이다. 따라서 랍비가 있는 그 숫자만큼 지역 집단들이 존재하게 된다. 랍비들은 비로소 우리를 이해하게 될 것이며, 비로소 그 일에 대해 감격하게 될 것이고, 설교단으로부터 다른 사람들을 열광시킬 것이다. 이 목적을 위해 그들은 장광설을 늘어놓는 특별한 회합들을 소집할 필요가 없을 것이다. 그것은 시나고그synagogue**에서의 예배 시간에 이루어진다. 그리고 예배는 그리 되어야 한다. 우리는 우리의 역사적 공속성을 오로지 우리 조상들의 신앙에서만 인식하고 있는데, 왜냐하면 이미 오래 전부터 다양한 민족들의 언어들을 더 이상 해소시킬 수 없는 방식으로 우리 안에 받아들였기 때문이다.

랍비들은 이제 규칙적으로 유대인 협회와 유대인 회사로부터 통지를 받을 것이며, 그것을 자신들의 공동체에 알리고 설명하게 될 것이다. 이스라엘은 우리를 위해, 즉 자신을 위해 기도하게 될 것이다.

* * *

* 유대교의 율법학자로서 히브리 성서와 탈무드에 대한 학문적 연구를 거쳐 유대인 사회와 회중의 영적 지도자나 종교적 교사가 될 자격을 얻은 사람.
** 시나고그 또는 유대인 회당은 유대교의 사원이다. 모임을 뜻하는 고대 그리스 단어 synagogē에서 유래한다. 제1차 유대 독립 전쟁 진압으로 예루살렘 성전이 무너지고 나서 흩어진 유대교 모임의 지역적 중심이 되었다.

## |76|지역 집단들의 대표자들

지역 집단들은 랍비가 의장을 맡는 소규모의 대표자 위원회들 Vertrauensmännerkommissionen을 설치할 것이다. 여기서는 모든 실천적인 사항들이 논의되고 확정될 것이다.

자선기관들은 지역 집단들을 통해 자유롭게 이전될 것이다. 각 재단들은 저쪽에서도 이전의 지역 집단들 내에 그대로 남아 있게 될 것이며, 건물들은 내 생각으로는 매각되어서는 안 되고, 우리가 떠난 도시들의 도움을 필요로 하는 기독교인들에게 헌납되어야 할 것이다. 저쪽에서의 토지 분배에서 지역 집단들은 무상으로 건축 부지와 모든 건축 설비들을 획득함으로써 보상받게 될 것이다.

자선기관들의 이전에서는 또 다시 이 계획의 다른 많은 점들에서와 마찬가지로 인류 전체의 복지를 위한 실험을 수행할 수 있는 기회가 제공될 것이다. 우리의 현재의 혼란스러운 사적인 자선은 거기에 들인 비용에 비교하여 거의 좋은 결과를 만들어내지 못하고 있다. 따라서 자선기관들은 그들이 상호적으로 보완할 수 있는 체계로 만들어지고 또 그래야만 한다. 새로운 사회에서 이 기관들은 현대적인 의식으로부터 그리고 모든 사회정치적인 경험들을 근거로 하여 일을 수행할 수 있을 것이다. 이 문제는 우리에게 있어 아주 중요한데, 왜냐하면 우리에게는 많은 걸인이 있기 때문이다. 그들을 의기소침하게 만드는 외적인 압력에 의해, 그리고 그들에게 나쁜 버릇을 들이는 부유한 자들의 유약한 자선에 의해 우리들 사이의 좀 더 취약한 본성을 지닌 사람들은 쉽사리 구걸에 나서게 될 수 있다.

[77]이러한 측면과 관련하여 유대인 협회는 지역 집단들의 후원을 받아 민중 교육에 가장 커다란 주목을 돌릴 것이다. 그것은 지금은 아무 쓸모없이 시들어 가고 있는 수많은 힘들에게 있어 바로 아주 많은 열매를 맺을 수 있는 토양을 창조할 것이다. 오직 일하고자 하는 훌륭한 의지를 지닌 자들만이 적절하게 고용되어야 한다. 걸인들은 용납되지 않을 것이다. 자유로운 자들로서 아무것도 하지 않고자 하는 자들은 빈민 수용 노동 시설로 보내진다.

그에 반해 우리는 노인들을 양로원에 집어넣고자 하지 않는다. 양로원은 우리의 어리석은 선량함이 고안해 낸 가장 잔인한 선행들 가운데 하나이다. 양로원에서 늙은이들은 수치심에 떨고 병들어 죽음에 이른다. 본래적으로 말하자면 그들은 거기서 이미 장사지내진 것이다. 또한 우리는 지적 능력의 가장 낮은 단계에 있는 사람들에게도 그야말로 끝까지 그들이 쓸모 있다고 하는 위로를 가져다주는 환상을 남겨 두고자 한다. 육체적인 노동을 할 수 없는 사람들에게는 가벼운 일이 주어져야 한다. 우리는 지금 이미 쇠약해져 가는 세대의 가난한 사람들이 보이는 위축된 생명력을 고려해야만 한다. 그러나 뒤에 오는 세대들은 그와는 다르게 자유 속에서 자유를 위해 교육되어야 한다.

우리는 모든 연령의 사람들과 모든 생활수준의 사람들을 위해 노동의 도덕적 축복을 제공하고자 시도할 것이다. 그리하여 우리 민족은 7시간 노동일의 땅에서 자신의 유능함을 다시 발견하게 될 것이다.

## 도시 계획들

지역 집단들은 장소 선택을 위해 전권을 부여받은 대표들을 파견할 것이다. 땅의 분배에서 고려되어야 할 것은 [78] 조심스러운 이주, 즉 정당한 모든 권리의 유지가 가능해야 한다는 점이다.

도시 계획들은 지역 집단들 내에서 비치, 열람될 것이다. 우리의 사람들은 누구나 자기가 어디로 가는지, 어떤 도시와 어떤 집에서 살게 될 것인지를 알게 될 것이다. 지역 집단들에게 분배되어야 할 건축 계획들과 알기 쉬운 설계도들에 대해서는 이미 이야기한 바 있다.

행정과 관리에서의 엄격한 집중화와 마찬가지로 지역 집단들에서는 가장 완전한 자율성이 원리이다. 오로지 그렇게 해서만 이주는 고통 없이 진행될 수 있다.

나로서는 이 모든 것이 실제로 그러할 것보다 더 쉬울 것으로는 생각하지 않는다. 하지만 우리는 또한 실제보다 더 어려울 것으로 생각해서도 안 된다.


## 중간 계급의 이주행렬

중간 계급은 자기도 모르는 사이에 이주 움직임에 휩쓸려 저쪽으로 함께 옮겨가게 될 것이다. 그들 가운데 어떤 이들의 아들들은 저쪽에서 유대인 협회의 공무원이나 유대인 회사의 직원이 될 것이다. 법률가들, 의사들, 모든 분야의 기술자들, 젊은 상인들, 그리고 지금 자기

조국의 압박으로부터 벗어나 세계의 다른 곳에서 새로운 기회를 찾아 떠나는 모든 유대인 개척자들이 희망으로 가득 찬 대지로 모여들 것이다. 다른 이들은 자신의 딸들을 그렇듯 발전을 위해 애쓰는 사람들과 결혼시킬 것이다. 그렇게 되면 우리의 젊은이들 가운데 어떤 이들은 자신의 새색시나 약혼녀를, 그리고 다른 이들은 자신의 부모들과 형제자매들을 뒤따라오게 할 것이다. 새로운 문화들에서 사람들은 일찍 결혼한다. 그것은 일반적인 도덕에 단적으로 도움이 될 수 있으며, 우리에게 건강하고 힘센 자녀들을 안겨줄 것이다. 그리하여 우리는 |79| 우선은 자신들의 에너지를 삶의 투쟁에 소모한 늦게 결혼한 아버지들의 저 쇠약한 아이들을 갖지 않을 것이다.

우리의 중간 계급 이주자들 모두는 다른 이주자들이 자기를 뒤따르게 할 것이다.

물론 새로운 세계의 가장 좋은 것은 가장 용기 있는 자들에게 속한다.

그런데 말할 것도 없이 여기에 이 계획의 가장 커다란 어려움이 놓여 있는 것으로 보인다.

우리가 유대인 문제를 가장 진지한 방식으로 세계의 논의거리로 삼는 데 성공한다 할지라도—

이러한 논의로부터 가장 결정적인 것, 즉 유대 국가가 세계의 욕구라는 것이 출현한다 할지라도—

우리가 열강들의 후원을 받아 영토에 대한 주권을 획득한다 할지라도,

우리는 어떻게 유대인 군중을 어떠한 강제도 없이 그들의 현재의 거주지로부터 이 새로운 땅으로 데려올 수 있겠는가?

하지만 이주는 언제나 자유로운 것으로서 생각되고 있는가?

## 군중의 현상

운동을 수고스럽게 부채질할 필요는 아마도 거의 없을 것이다. 반유대주의자들은 이미 우리를 위해 그 일을 행하고 있다. 그들은 다만 지금까지 했던 것을 그대로 행할 필요가 있을 뿐이며, 유대인들의 이주 욕망은 그것이 이전에 존재하지 않은 곳에서는 새롭게 깨어날 것이고, 그것이 이미 현존하고 있는 곳에서는 강화될 것이다.

만약 유대인들이 현재 반유대주의적인 나라들에 계속해서 머무르고 있다면, 그러한 일이 벌어지는 까닭은, 역사학적인 교양을 갖추지 못한 사람들도 잘 알고 있듯이, 우리가 |80|지난 몇 백 년 동안 수많은 장소 변화를 통해서도 결코 지속적으로 좋은 것을 얻어내지 못했기 때문이다. 만약 오늘날 유대인들을 환영한다고 말하고, 유대 국가가 성립할 때 그 국가에서 보장될 수 있을 것보다 훨씬 소수의 것이라 하더라도 몇 가지 이익을 유대인들에게 제공하는 나라가 존재한다면, 순식간에 그곳으로 향하는 유대인들의 강력한 행렬이 발생할 것이다. 잃을 것이 아무것도 없는 가장 가난한 사람들은 그곳으로 밀려들 것이다. 그러나 나는 우리에게 가해지는 압력으로 인해 우리의 부유한 계층들에서도 이주 욕망이 존재한다는 것이 참이라고 주장한다 — 그리고 모든 사람은 그러한 사실을 결국 스스로 알게 될 것이다. — 그런데 사실 가장 가난한 사람들만으로도 이미 국가의 창설을 위해 충분할 것이며 또 그들이야말로 토지 획득을 위한 가장 유능한

인적 자원일 것인데, 왜냐하면 사람들은 위대한 사업을 위해서는 약간의 절망을 자기 내에 지녀야만 하기 때문이다. 그러나 우리의 절망적인 모험가들Desperados이 그들의 출현을 통해 그리고 그들의 노동을 통해 그 땅의 가치를 올려놓음으로써 그들은 점차적으로 좀 더 많은 것을 소유한 자들에 대해서도 뒤따라오고 싶어 하도록 유혹할 것이다.

훨씬 더 높은 계층들도 저쪽으로 옮겨가는 데 대한 관심을 획득하게 될 것이다. 최초의 이주자들, 즉 가난한 사람들의 행렬을 바로 유대인 협회와 유대인 회사가 이끌 것이지만, 그것을 아마도 이미 존재하는 이주 협회들과 시온주의 협회들도 후원하게 될 것이다.

군중이 어떻게 명령과 지시 없이 한 지점으로 이끌릴 수 있겠는가?

시온주의적인 시도들을 통해 유대인의 고통을 경감시키고자 하는 대규모의 개별적인 유대인 자선 사업가들이 존재한다. 그러한 자선 사업가들은 이미 이 물음에 부딪치지 않을 수 없었으며, 그들은 [81]이주자들에게 돈과 일자리를 건네주었을 때 그 물음을 해결했다고 믿었다. 그러므로 자선 사업가들은 다음과 같이 말했다. "나는 사람들이 거기로 가도록 돈을 지불한다." 이것은 근본적으로 잘못이며, 지구상의 모든 돈을 조달하더라도 그 목적을 달성할 수 없을 것이다.

유대인 회사는 반대로 다음과 같이 말할 것이다. "우리는 그들에게 돈을 지불하지 않는다. 우리는 그들이 우리에게 지불하도록 한다. 우리는 다만 그들 앞에 무언가를 내놓을 뿐이다."

나는 익살스러운 하나의 예를 통해 그 점을 분명히 하고자 한다. 이러한 자선 사업가들 가운데 우리가 '바론Baron(남작)'이라 부르고자 하는 한 사람과 내가 뜨거운 일요일 오후에 파리의 롱샹 들판에

한 무리의 사람들을 모으기로 한다고 해보자. 바론이 각각의 개인들 모두에게 10프랑을 주기로 약속한다면, 그는 20만 프랑으로 2만의 땀 흘리고 불행한 이 사람들을 거기로 데려올 수 있겠지만, 그들은 그가 자신들에게 이 괴로움을 부과했다고 해서 그를 저주하게 될 것이다.

그에 반해 나는 이 20만 프랑을 가장 빠른 경주마에 대한 상금으로서 내놓을 것이다. 그리고 나서 나는 울타리를 설치해 사람들이 롱샹 들판에 가까이 오지 못하게 한다. 들어오고 싶어 하는 사람은 1프랑, 5프랑, 20프랑의 돈을 지불해야만 한다.

그 결과는 내가 50만의 사람들을 거기에 모이게 하고, 공화국의 대통령은 도몽으로à la Daumont 앞서 가고, 군중들은 스스로 향유하고 즐긴다고 하는 것이다. 대부분의 사람들에게 있어 그것은 햇빛에 의한 화상과 먼지에도 불구하고 자유로운 곳에서의 행복하고 즐거운 운동이며, 나는 20만 프랑을 들여 백만 프랑의 입장료와 게임 세금을 벌어들였다. 나는 동일한 사람들을 |82|내가 원할 때면 언제나 다시 그곳에 모이게 할 것이다. 그러나 바론은 그렇지 못할 것이거니와, 어떤 경우이든 그는 결코 그렇게 하지 못할 것이다.

그밖에 나는 곧바로 생계를 위한 일을 예로 하여 좀 더 진지하게 군중의 현상을 제시하고자 한다. 어떤 사람으로 하여금 한 번 도시의 거리에서 다음과 같이 크게 외치게 해보자. "사방의 모든 벽면이 뚫려 있는 철로 만들어진 회당에서 겨울에 끔찍한 추위에, 그리고 여름에 고통스러운 더위에 하루 종일 자기의 발로 서서 지나가는 모든 이에게 말을 걸고 그들에게 잡동사니나 물고기 또는 과일을 제공하고자 하는 사람은 누구나 2플로린*이나 4프랑 또는 그가 원하는 것을 얻을 것이다."

　얼마나 많은 사람들이 그 회당에 갈 것인가? 굶주림이 그들을 그곳으로 몰아갈 때, 그들은 며칠 동안이나 견뎌낼 것인가? 그리고 그들이 견뎌낸다면, 그들은 어떤 열정으로 지나가는 사람들에게 과일과 물고기 또는 잡동사니를 사고 싶은 마음이 생기도록 시도할 것인가?

　우리는 그것을 다른 방식으로 행하고자 한다. 활발한 거래가 이루어지고 있는 장소들에 ― 우리는 이 장소를 바로 우리 자신이 그 거래를 우리가 원하는 곳으로 이끄는 한에서 그만큼 더 쉽게 발견할 수 있을 것이다 ―, 바로 이러한 장소들에 우리는 커다란 회당들을 건립하고자 하며, 그것을 시장이라 부르게 될 것이다. 이 회당들은 앞에서 말한 것보다 더 나쁘게, 더 건강에 해롭게 세워질 수도 있겠지만, 그럼에도 불구하고 사람들은 우리에게 물밀듯이 밀려올 것이다. 그러나 물론 우리는 그것들을 더 아름답고 더 훌륭하게, 요컨대 우리의 온 호의를 기울여 건립하게 될 것이다. 그리고 바로 우리가 사기꾼이 됨이 없이는 그들에게 아무것도 약속할 수 없기 때문에 우리가 그들에게 아무것도 약속하지 않는 이 사람들, 즉 이 용감하고 기꺼이 장사하고자 하는 사람들은 서로 농담을 주고받으며 활기 찬 시장 상거래를 창조할 것이다. 그들은 지치지 않고 줄기차게 구매자들에게 열변을 토할 것이며, [83] 자기들의 발로 그곳에 서서 거의 피로를 알지 못할 것이다. 그들은 시장에 나오는 첫 사람이 되기 위하여 새벽부터 서두르게 될 것이며, 다만 이 생계를 위한 일을 방해받지 않고서 이어나갈 수 있기 위해 심지어는 조합과 카르텔 그리고 가능한 모든 것을

* 네덜란드의 화폐 단위.

결성하게 될 것이다. 그리고 하루 일을 마치고 자유 시간을 맞이해서 자신들이 그 모든 성실한 노동을 통해 겨우 1플로린, 50크로이처* 또는 3프랑이나 그와 비슷한 것을 벌었다는 것이 밝혀질지라도, 그들은 희망을 가지고서 아마도 더 좋아질 다음 날을 바라보게 될 것이다.

요컨대 우리는 그들에게 희망을 선사한 것이다.

여러분은 우리가 시장을 위해 필요로 하는 욕구들을 어디서 가져오는지 알고자 하는가? 그것이 현실적으로 좀 더 말해져야만 하는가?

나는 앞에서 '노동에 의한 구제Assistance par le Travail'에 의해 열다섯 배의 수익이 산출될 수 있음을 보여준 바 있다. 백만 마르크에 대해 천오백만 마르크가, 10억 마르크에 대해 150억 마르크가 산출되는 것이다.

그렇다면 과연 이것이 대규모에서도 소규모에서처럼 꼭 맞아떨어질 수 있겠는가? 하지만 자본의 수익은 규모가 커지면서 그에 비례하여 줄어드는 것이 아닌가? 그렇다, 하지만 그것은 일하는 자본의 수익이 아니라 잠자고 있는, 비겁하게 숨어 있는 자본의 수익이다. 일하는 자본은 심지어 그 규모가 커지면서 엄청나게 증대하는 생산력을 지닌다. 바로 거기에 사회적 물음이 놓여 있다.

내가 말하고 있는 것이 과연 옳은 것인가? 나는 이를 위해 가장 부유한 유대인들을 증인으로 불러내고자 한다. 어째서 이들은 그토록 많은 다양한 산업들을 경영하는 것인가? 어째서 그들은 얼마 안 되는 임금으로 경악할 만한 위험을 무릅쓰고 석탄을 캐 올리기 위해 사람들을 땅 밑으로 보내는 것인가? 나로서는 그것이 광산 소유자들에게

* 13~19세기에 남부 독일, 오스트리아, 스위스에서 쓰였던 화폐 이름.

있어서도 기분 좋은 일이라 생각하지 않는다. [84]나는 더 나아가 자본가들의 몰인정함을 믿지 않으며, 마치 내가 그것을 믿는 것처럼 내세우지도 않는다. 내가 하고자 하는 것은 비방과 선동이 아니라 화해이다.

군중의 현상을 예를 드는 것은 필요한 일인가? 그리고 그들을 임의의 장소로 이끌기 위해 경건한 순례들에 비추어 설명하는 것도 필요할 것인가?

나는 잘못 해석될 수 있을 말들에 의해 그 누구의 성스러운 감수성도 해치고자 하지 않는다.

나는 다만 아주 간단하게 마호메트적인 세계에서의 메카*를 향한 순례자의 행렬, 가톨릭적인 세계에서의 루르드**와 그로부터 사람들이 자신들의 신앙에 의해 위로받고 고향으로 돌아오는 그 수많은 다른 장소들, 그리고 트리어에 있는 성의der heilige Rock***가 무엇을 의미하는지 암시하고자 할 뿐이다. 따라서 우리도 역시 우리의 깊은 신앙상의 욕구에 목표점을 세우게 될 것이다. 우리의 성직자들이 가

* * 

* 사우디아라비아 남서부에 있는 홍해 연안의 도시. 이슬람교의 교조 마호메트의 탄생지로 이슬람교 최고의 성지이다.
** 루르드는 프랑스 남서쪽 피레네 산맥에 있는 오트피레네 주의 남서쪽에 있는 마을이자 코뮌이다. 루르드는 원래 피레네 산맥에 있는 작은 시장 마을이었다. 그 당시 가장 눈에 띄는 특징은 바위 절벽 위에 있는 마을 한 가운데에 높이 솟아 있는 요새화된 성채였다. 1858년 베르나데트 수비루에게 루르드의 성모가 발현했다는 이야기가 널리 퍼진 후, 그 결과로 루르드는 매우 중요한 가톨릭의 성지 순례 장소 가운데 하나가 되었다.
*** 독일의 가장 오래된 도시인 트리어의 대성당에 보관되어 있는 최고의 보물은 바로 성의Heiliger Rock이다. 전설에 의하면 이 옷은 예수님의 튜닉(고대 그리스나 로마인들이 입던, 소매가 없고 무릎까지 내려오는 헐렁한 웃옷)으로 콘스탄티누스 대제의 어머니인 헬레나가 트리어로 가져왔다고 한다.

장 먼저 우리를 이해하게 될 것이며, 우리와 함께 갈 것이다.

우리는 저쪽에서 모든 이들이 그 나름의 방식으로 구원 받고 축복 받을 수 있도록 하고자 한다. 우리는 무엇보다도 우선 우리의 소중한 자유사상가들Freidenker, 즉 인류를 위해 언제나 새로운 분야를 개척하는 우리의 불멸적인 무리들을 위한 여지를 만들어내고자 한다.

어느 누구에게도 국가와 질서의 유지를 위해 필요한 것 이외에 다른 어떠한 강제도 행사되어서는 안 된다. 그리고 이를 위해 필요한 것도 한 사람이나 다수의 사람들의 자의에 의해 변덕스럽게 규정되는 것이 아니라 확고한 법률들에 토대할 것이다.

그런데 만약 사람들이 바로 나에 의해 선택된 예들로부터 군중들은 다만 일시적으로만 신앙과 |85|생업 또는 즐거움의 그러한 목표점으로 이끌릴 수 있다는 결론을 끌어낸다면, 이러한 이의제기에 대한 반박은 단순하다. 하나의 그러한 목표점은 군중들을 다만 유혹할 수 있을 뿐이다. 반면에 이러한 매혹의 지점들 모두가 함께 결합하게 되면 그것은 그들을 확고히 붙들어 지속적으로 만족시키기에 적합할 것이다. 왜냐하면 이러한 매혹의 지점들은 함께 결합하게 되면 위대한 통일, 즉 우리 민족이 그리워해 오길 결코 그치지 않은 오랫동안 추구해온 목표를 형성하겠거니와, 다시 말하면 우리 민족이 그것을 위해 스스로를 보존했고 또 그것을 위해 억압을 이겨내며 유지되어 온 것인 다름 아닌 자유로운 고향을 형성할 것이기 때문이다. 운동이 성립할 때, 우리는 첫 번째 사람들이 우리 뒤를 따르게 하고, 두 번째 사람들이 우리를 따라 흘러들어오게 할 것이며, 그리하여 세 번째 사람들이 그 흐름에 함께 휩쓸리어 오고, 네 번째 사람들이 우리를 뒤따라 밀어닥칠 것이다.

이들, 즉 주저하며 늦게 뒤처져 온 이들은 이쪽에서든 저쪽에서든 가장 나쁜 상태에 놓이게 될 것이다. 그러나 최초의 사람들, 즉 두터운 믿음과 열광 그리고 용기를 지니고서 저쪽으로 가는 이들은 가장 좋은 자리를 차지할 것이다.


## 우리의 인적 자원

다른 어떤 민족에 대해서도 유대인들에 대해서만큼 많은 잘못된 생각들이 퍼져 있지는 않다. 그리고 우리는 우리의 역사적 고난을 통해서 우리가 이 잘못된 생각을 스스로 따라 말하고 따라 믿을 만큼 억압되고 의기소침해져 있다. 잘못된 주장들 가운데 하나는 유대인들의 무절제한 지나친 상업 욕망이다. 그런데 잘 알려져 있는 사실은 우리가 상승하는 계급 운동에 동참할 수 있는 곳에서는 우리가 서둘러 상업에서 떠난다는 것이다. 대부분의 유대인 상인들은 자기의 자식들을 뛰어나게 교육시킨다. 따라서 심지어는 교육을 통해 가능한 모든 직업의 이른바 유대화가 나타난다.

[86]그러나 또한 경제적으로 좀 더 취약한 계층들에서도 우리의 상업 욕망은 일반적으로 가정되고 있듯이 결코 그렇게 크지 않다. 동유럽 나라들에는 상업 활동을 하지 않고 어려운 일들 앞에서 놀라 뒤로 물러서지도 않는 아주 많은 숫자의 유대인들이 존재한다. 유대인 협회는 우리의 인적인 역량에 대한 과학적으로 정확한 통계를 준비할 수 있을 것이다. 새로운 나라에서 우리를 기다리고 있는 새로운 과제들과 전망들은 현재의 손노동자들을 만족시킬 것이며, 현재의 수많은

소상인들을 손노동자들로 전환시킬 것이다.

등 뒤에 무거운 보따리 짐을 짊어지고 온 땅을 떠돌아다니는 행상인은 그를 박해하는 자들이 생각하듯이 스스로를 그렇게 행복하다고 느끼지 않는다. 7시간 노동일은 이 모든 사람들을 노동자로 만들 것이다. 그들은 그토록 성실하고 오해되고 있는 사람들이거니와, 그들은 지금 아마도 가장 가혹한 고통을 겪고 있을 것이다. 더 나아가 유대인 협회는 처음부터 그들을 기능을 갖춘 노동자들로 교육하는 데 몰두할 것이다. 소득에 대한 그들의 욕망은 건강한 방식으로 자극될 수 있을 것이다. 유대인은 검소하고 기민하며, 너무도 강한 가족적 관심으로 가득 차 있다. 그러한 사람들은 모든 직업 활동에 적합한바, 소매상을 수익이 안 나는 것으로 만드는 것은 현재의 행상인들로 하여금 그 일을 그만 두게 하기에 충분할 것이다. 이를 위해서는 예를 들어 우리가 필요로 하는 모든 것을 발견할 수 있는 커다란 상점들을 조장하고 촉진시키는 것이 도움이 될 것이다. 이러한 백화점들은 이미 지금도 대도시들에서 소상인들을 압박하고 있다. 새로운 문화에서 이 백화점들은 소상인들의 성립을 단적으로 저지할 것이다. [87] 백화점들의 설립은 동시에 그 나라를 세련된 앞선 욕구들을 지닌 사람들에게 있어서도 곧바로 거주할 수 있는 곳으로 만든다고 하는 또 다른 장점도 지닐 것이다.

## 사소한 관습들

비록 덧없고 피상적인 것일 뿐일지라도 일상의 보통 사람들의 사소한 관습들과 생활상의 편리들에 대해 말하는 것이 이 저술의 진지함에 어울릴 수 있겠는가?

나는 그렇다고 생각한다. 심지어 그것은 매우 중요하다. 왜냐하면 사소한 이 관습들은 개별적으로는 그 모두가 가늘고 약하지만, 합쳐져서는 끊어질 수 없는 로프를 형성하는 수천의 꼬인 실들이기 때문이다.

또한 나는 여기서 사람들이 제한된 관념들로부터 해방되어야만 한다고 생각한다. 세계에 대해 무언가를 본 사람은 바로 사소한 일상적인 관습들이 이미 지금도 쉽사리 모든 곳으로 이식되고 있다는 것을 알고 있다. 그렇다, 이 계획이 인간적 존재를 위해 사용하고자 하는 우리 시대의 기술적 성취들은 지금까지 주로 사소한 관습들을 위해 사용되어 왔다. 이집트와 스위스의 산 정상에는 영국의 호텔들이 존재하며, 남아프리카에는 비엔나 카페들이, 러시아에는 프랑스 극장이, 아메리카에는 독일 오페라 극장들이 그리고 파리에는 너무도 훌륭한 바이에른 맥주가 존재한다.

우리가 다시 한 번 미즈라임Mizraim*을 떠날 때, 우리는 고기 가마를 잊지 않을 것이다.**

모든 지역 집단들 내에서 각각의 모든 이들은 자신의 사소하고도 평범한 관습들을 다시 발견할 수 있고 또 그렇게 될 것이거니와, 다만

* 이집트를 말한다.
** 출애굽기 16장 3절과 관련된 표현이다. "이스라엘 자손이 그들에게 항의하였다. '차라리, 우리가 이집트 땅, 거기 고기 가마 곁에 앉아 배불리 음식을 먹던 그 때에, 누가 우리를 주의 손에 넘겨주어서 죽게 했더라면 더 좋을 뻔하였다. 그런데 너희들은 지금, 우리를 이 광야로 끌고 나와서, 이 모든 회중을 다 굶어 죽게 하고 있다.'"

더 훌륭하고 더 아름다우며 더 안락한 것들로서 그리하게 될 것이다.

# V. 유대인 협회와 유대 국가

|88| **사무 대행** *Negotiorum gestio*

이 저술은 전문적인 법률가들을 위해 의도된 것이 아니다. 그런 까닭에 나는 국가의 법률적 근거에 관한 나의 이론도 다른 많은 것들과 마찬가지로 단지 피상적으로 그 윤곽만을 제시할 수 있을 뿐이다.

그럼에도 불구하고 나는 아마도 법학자들과의 논의에서도 견지될 수 있을 나의 새로운 이론에 어느 정도 무게를 두지 않을 수 없다.

오늘날에는 이미 낡아버린 루소*의 견해에 따르면 국가의 근저에는 사회계약이 놓여 있다. 루소는 다음과 같이 생각한다. "이 계약의 약관들은 동의의 본성에 의해 아주 사소한 변화라도 그것을 무가치하

* 루소(Jean-Jacques Rousseau, 1712. 6. 28~78. 7. 2). 프랑스의 사상가, 문학자. 스위스의 제네바에서 태어났다. 『사회계약론』(1762), 『에밀』(1762) 등의 저작에 의해서 프랑스 혁명 및 그 이후의 사회·정치사상에 심대한 영향을 끼쳤다.

고 효력이 없는 것으로 만들지 않을 수 없도록 규정되어 있다. 그 결과는 **그것이 어쩌면 결코 명시적으로 진술되어 있지 않을 수 있을지라도** 어디에서나 동일하며 어디에서나 암묵적으로 가정되고 인정되어 있다고 하는 것이다 등등."

루소의 이론에 대한 논리적이고 역사적인 반박은 이 이론이 아무리 무시무시하고도 광범위한 영향을 미쳤다고 하더라도 결코 어렵지 않았으며 지금도 어렵지 않다. 현대의 입헌 국가들에게 있어 헌법 이전에 이미 "명시적으로 진술되어 있지는 않지만 변경 불가능한 약관들"을 지니는 사회계약이 존재했는가 하는 물음은 실제적인 관심거리가 아니다. 지금 |89| 정부와 시민들 사이의 법적 관계는 어느 경우이든 명확히 확정되어 있다.

그러나 헌법의 제정 이전에 그리고 하나의 새로운 국가가 성립하는 데서는 이 원칙들이 또한 실천적으로도 중요하다. 새로운 국가들이 앞으로도 계속해서 성립할 수 있다고 하는 것을 우리는 잘 알고 있으며 또 바로 지금 보고 있다. 식민지들은 모국으로부터 떨어져 나오고, 봉신들은 영주로부터 몸을 뿌리치며, 새롭게 열린 영토들은 곧바로 자유로운 국가들로서 세워진다. 유대 국가는 물론 아직 특정되지 않은 영토에 전적으로 특유한 방식으로 새롭게 형성될 것으로 생각되고 있다. 그러나 국가는 땅의 일정한 구간에 의해서가 아니라 하나의 주권에 의해 결합된 사람들에 의해서 형성된다.

민족은 국가의 인격적인 기초이며, 땅은 사물적인 기초이다. 그리고 이 두 가지 기초 가운데 인격적인 것이 더 중요하다. 예를 들면 사물적인 기초가 없는 주권이 존재하는데, 그것은 심지어 지구상에서 가장 존경받는 주권이기도 하다. 그것은 바로 로마 교황의 주권이다.

국가에 관한 학문에서는 현재 이성적 필요Vernunftnotwendigkeit(이성필연성)의 이론이 지배하고 있다. 이 이론은 국가의 성립을 정당화하기에 충분하거니와, 그것은 계약 이론처럼 역사적으로 반박될 수 없다. 유대 국가의 창설이 문제가 되는 한에서, 나는 이 저술에서 전적으로 이성적 필요 이론의 지반 위에 서 있다. 그러나 이 이론은 국가의 법적 근거를 비켜간다. 현대적 직관에는 신적 창설의 이론, 우세 권력 이론, 가부장 이론과 [90] 세습 이론 및 계약 이론은 일치하지 않는다. 국가의 법적 근거는 때로는 너무나 지나치게 인간들 속에서 (우세 권력 이론, 가부장 이론, 계약 이론), 때로는 순수하게 인간을 넘어서서(신적 창설), 때로는 인간보다 밑에서(사물적인 세습 이론) 찾아진다. 이성적 필요 이론은 이 물음에 대해 편리하게나 주의 깊은 방식으로 대답하지 않은 채 그냥 놔둔다. 하지만 모든 시대의 가장 위대한 법 철학자들이 그토록 깊이 몰두해 온 물음이 전적으로 한가한 것일 수는 없다. 사실상 국가에는 인간적인 것과 초인간적인 것의 혼합이 놓여 있다. 통치 받는 자들이 통치자들에 대해 맺는 때때로 억압적인 관계에 대해서는 법적 근거가 필요 불가결하다. 나는 그것이 **사무 대행**negotiorum gestio(사무 관리)에서 발견될 수 있다고 생각한다. 거기서는 시민들의 전체가 **사무 주인**dominus negotiorum으로서 그리고 정부는 대행자Gestor로서 생각되어야 한다.

로마인들의 경이로운 법 감각은 **사무 대행**에서 고귀한 걸작을 창조했다. 한 장애인의 재산이 위험에 처해 있을 때에는 누구나 나서서 그것을 구할 수 있다. 그러한 사람이 대행자, 즉 낯선 사람의 업무를 수행하는 자이다. 그는 아무런 위임도, 다시 말하면 아무런 인간적 위임도 받지 않았다. 그의 위임은 좀 더 고차적인 필요로부터 그에게 주어진다. 이러한 좀 더 고차적인 필요는 국가를 위해 상이한 방식으로 정식화될 수 있으며, 또한 개별적인 문화 단계들에서도 그때그때마다의 일반적인 개념 능력에 상응하여 상이한 양식으로 정식화될 수 있을 것이다. 대행Gestio은 주인Dominus의 복지, 즉 바로 대행자 자신도 그에 속하는 민족의 복지로 향해 있다.

|91| 대행자는 자신이 공동 소유자인 재산을 관리한다. 이러한 자신의 공동 소유권으로부터 그는 아마도 자신의 개입과 전쟁과 평화에서의 자신의 지도력을 요구하는 비상사태에 대한 지식을 얻어낸다. 그러나 공동 소유자로서 그는 결코 자기 자신에게 타당하고 합법적인 위임을 부여하지 않는다. 그는 수없이 많은 공동 소유자들의 동의를 가장 호의적인 경우에도 다만 추측할 수 있을 뿐이다.

국가는 민족의 생존을 위한 투쟁에 의해 성립한다. 이 투쟁에서 번거롭고도 형식적인 방식으로 비로소 적정한 위임을 끌어내는 것은 가능하지 않다. 사실 사업에 앞서 미리 정규적인 다수의 결의를 달성하고자 한다면, 그것은 전체를 위한 모든 사업을 처음부터 좌절시킬 것이다. 내적인 분열은 민족으로 하여금 외적인 비상사태에 대해 방어능력이 없게 만들 것이다. 사람들이 일상적으로 말하듯이, 모든 머리가 하나의 모자 밑에 올 수는 없다(즉, 우리 모두가 하나의 생각일 수는 없다). 그런 까닭에 대행자는 단순히 모자를 쓰고(즉, 기치를 내걸고) 앞장설 뿐이다.

국가 대행자는 만약 일반적 업무가 위험에 처해 있고 주인이 의지적인 무능함이나 다른 어떤 이유로 인해 스스로를 도울 수 없다면 이미 충분히 합법화되어 있다.

그러나 대행자는 자신의 관여를 통해 **마치 계약에서처럼**quasi ex con-

*tractu* 주인에게 의무를 지고 있다. 그것은 국가 이전에 존재하는, 또는 좀 더 올바르게 표현하자면 국가와 함께 발생하는 법적 관계이다.

그렇다면 대행자는 모든 태만함에 대해, 그리고 또한 일단 떠맡은 과업들을 무책임하게 완성하지 못한 것 및 |92|그 과업들과 본질적으로 연관되어 있는 것 등등을 게을리 한 데 대해 책임을 짊어져야만 한다. 나는 여기서 **사무 대행**에 대해 더 이상 상세하게 논의하지 않고 그것을 국가에 떠맡기고자 한다. 그렇지 않으면 그것은 본래의 대상으로부터 우리의 생각을 너무 멀리 돌릴 것이다. 다만 다음과 같은 한 가지만은 언급될 수 있을 것이다. "사업 경영은 사업주의 인가를 받아 수행되게 되면, 그것이 본래 사업주의 위임에 따라 이루어질 때와 똑같은 방식으로 사업주에게 효과적일 것이다."

그러면 이 모든 것은 우리의 경우에 무엇을 의미하는가?

유대 민족은 현재 디아스포라Diaspora*로 인해 자신의 정치적 용무들을 스스로 수행하지 못하고 있다. 게다가 유대 민족은 세계의 다양한 곳들에서 다소간에 가혹한 곤경에 처해 있다. 그러므로 그들은 무엇보다도 우선 대행자를 필요로 한다.

그런데 이 대행자는 물론 개별적인 개인이어서는 안 된다. 그러한

* '흩어짐'을 뜻하는 그리스어로 유대 왕국이 패망하여 바빌로니아로 유배당한 뒤 이방인 사이에 흩어져 살면서 유대의 종교 규범과 생활 관습을 유지하는 유대인들 또는 유배되어 팔레스타인 지역 바깥으로 흩어진 유대인들이나 유대인 공동체를 총칭한다. 이 말은 유대인들이 세계 도처에 흩어진 물리적인 현상을 가리키지만, 유대인들은 이스라엘 땅과 자신들과의 특수한 관계를 인식하고 있기 때문에, 종교적, 철학적, 정치적, 종말론적 의미를 함축하기도 한다. 이 관계에 대한 해석은 '마지막에 유배당한 자들을 한 데 불러 모은다'는 전통적 유대교의 메시아 희망에서부터 하나님이 세계 전역에 순수한 유일 신앙을 촉진하기 위해 유대인들을 흩어놓았다는 개혁 유대교의 견해에 이르기까지 다양하다.

개인은 웃음거리가 되거나―그가 그 자신의 이익을 목표로 하는 것으로 보일 것이기 때문에―경멸당하게 될 것이다.

유대인의 대행자는 그 말의 모든 의미에서 도덕적 인격이어야만 한다.

그리고 그것은 유대인 협회die Society of Jews이다.


## 유대인의 대행자

이제 우리가 비로소 그 본성과 과제들에 대해 논의하고자 하는 민족 운동의 이 기관은 사실상 다른 모든 것들에 앞서 성립할 것이다. 그 성립은 극도로 단순하다. 이 도덕적 인격은 내가 런던에서 나의 계획을 보고한 성실하고 용감한 한 무리의 영국 유대인 모임에서 형성될 것이다.* 유대인 협회는 이제 시작되는 유대인 운동의 중심 지위를 차지한다.

|93| 유대인 협회는 과학적이고 정치적인 과제들을 갖는다. 내가 생각하고 있는 것과 같은 유대 국가의 창설은 현대적이고 과학적인 전제들을 지닌다. 우리가 오늘날 미즈라임(Mizraim, 이집트)을 떠나 이주할 때, 그것은 옛 시대의 소박한 방식으로 이루어질 수 없다. 우리는 그와는 달리 사전에 우리의 숫자와 힘에 관해 정확한 해명을 제공하게 될 것이다. 유대인 협회는 유대인들의 새로운 모세이다.

* 헤르츨은 1895년 11월 24일 런던에서 이즈리얼 쟁윌Israel Zangwill이 주재한 매커비 언 클럽Maccabean Club에서 연설한 바 있다.

단순하고 원시적인 시절의 유대인의 위대한 옛 대행자의 시도와 우리의 그것과의 관계는 너무도 아름다운 옛 경가극輕歌劇과 현대의 오페라와의 관계와 마찬가지다. 우리는 동일한 멜로디를 많은, 아니 훨씬 더 많은 바이올린, 플루트, 하프, 첼로, 콘트라베이스를 가지고서, 그리고 더 나아가 전기적인 빛, 장식물들, 합창단, 훌륭한 장치들 및 최고의 가수들을 가지고서 연주하고자 한다.

이 글은 유대인 문제에 대한 일반적인 논의의 문을 열어 놓아야 할 것이다. 친구들과 적들이 그에 참여하게 될 것이다. 그러나 나로서는 이제 그것이 더 이상 지금까지의 감상적인 변호들과 추잡하고 난폭한 모욕들의 형식으로 이루어지지 않기를 바란다. 논쟁은 실질적이고 방대하며 진지하고 정치적으로 수행되어야 한다.

유대인 협회는 말과 글로 이루어진, 그리고 회합들에서 발표되거나 신문들과 책들에 실린 적이 있는 정치인들과 의회 의원들, 유대인 공동체들 그리고 이런저런 협회들의 모든 성명들을 수집할 것이다. 그리하여 유대인 협회는 처음으로 과연 유대인들이 실제로 약속의 땅으로 이주하고자 하고 또 그리 해야만 하는지를 경험하고 확정하게 될 것이다. 유대인 협회는 전 세계의 유대인 공동체들로부터 유대인에 관한 포괄적인 통계를 위한 도움을 얻게 될 것이다.

이후의 과제들, 즉 |94|새로운 나라와 그의 자연 자원에 대한 학술적인 전문적 연구, 이주와 정착을 위한 통일적인 계획, 입법과 행정을 위한 준비 작업들 등등은 목적으로부터 합리적으로 전개될 수 있다.

대외적으로 유대인 협회는, 내가 이미 앞의 일반적 부분에서 설명했듯이, 국가 형성적 권력으로 인정받을 수 있도록 시도해야만 한다. 유대인 협회는 수많은 유대인들의 자유로운 동의로부터 정부들에 대한 관계에서 필요한 권위를 얻어낼 수 있다.

대내적으로, 다시 말하면 유대 민족에 대해, 유대인 협회는 최초 시기의 필요 불가결한 기관들, 즉 그로부터 나중에 유대 국가의 공적 인 기관들이 발전해야 할 ― 자연과학적인 용어를 빌려 말하자면 ― 원세포를 창조할 것이다.

우리의 최초의 목표는, 이미 말했듯이, 우리의 정당한 욕구들을 충족시키기에 충분한 지역에 대한 국제법적으로 보증된 주권이다.

이후에는 무엇이 이루어져야 하는가?


## 영토의 장악


역사적 시대들에서 민족들이 떠돌 때, 그들은 세계의 우연으로 하 여금 자신들을 이곳저곳으로 실어 나르고 끌어당기며 내동댕이치도 록 허락한다. 그들은 메뚜기 떼들처럼 무리를 지어 무의식적으로 이 동을 시작하고서는 어딘가에 내려앉았다. 왜냐하면 역사적 시대들에 서 사람들은 바로 지구에 대해 알지 못했기 때문이다. 그러나 새로운 유대인 이주는 과학적인 원칙들에 따라 수행되어야만 한다.

약 40년 전만 하더라도 금 채굴은 놀랄 정도로 아둔한 방식으로 행해졌다. |95|캘리포니아에서 그것은 얼마나 모험적으로 진행되었던 가! 소문을 듣고 전 세계로부터 거기로 몰려든 모험적인 무법자들은 땅을 훔치고 서로 금을 강탈하고서는 마침내 마찬가지로 강도처럼 그것을 도박에서 날려버렸다.

그러면 오늘날은 어떤가! 우리는 오늘날 트란스발*에서의 금 채굴을 보고 있다. 거기에서는 더 이상 낭만적인 방랑자들이 아니라 냉정하고 객관적인 지질학자들과 기술자들이 금광산업을 이끌고 있으며, 독창적이고 합목적적인 기계들이 명확히 인식된 광석으로부터 금을 녹여내고 있다. 우연에게는 거의 아무것도 맡겨져 있지 않다.

따라서 새로운 유대인의 영토는 현대적인 모든 수단들을 가지고서 탐구되고 소유되어야만 한다.

우리에게 영토가 보장되자마자 즉시 우리는 영토 점령을 위한 배를 거기로 보낼 것이다.

배에는 유대인 협회, 유대인 회사 그리고 지역 집단들의 대표자들이 타게 될 것이다.

이 영토 점령자들은 다음과 같은 세 가지 과제를 지닌다. 1. 영토의 모든 자연적인 특성들에 대한 정확한 과학적인 탐구, 2. 엄격하게 집중화된 행정의 조직, 3. 영토의 분배. 이 과제들은 서로 밀접하게 맞물리며, 이미 충분히 잘 알려져 있는 목적에 상응하여 이행되어야 한다.

단 하나만은 아직 명확히 되어 있지 않은데, 그것은 요컨대 지역 집단들에 따른 영토 장악이 어떻게 진행되어야 하는가 하는 것이다.

아메리카에서는 새로운 영토를 개척할 때에도 그것을 여전히 아주 소박한 방식으로 점령한다. 개척자들은 |96| 변경에 모여 정해진 시간에 동시에 그리고 폭력적으로 그곳으로 떠나간다.

유대인의 새로운 나라에서는 일이 그렇게 이루어져서는 안 될 것이

* Transvaal, 남아프리카 공화국의 최북단에 있는 주로서 남아프리카 공화국에서 두 번째로 큰 주이다. 세계적인 금 산지이다.

다. 주와 도시들의 소재지들은 경매에 붙여지며, 그 대가는 돈이 아니라 수행된 일의 성과들로 지불된다. 교통을 위해 어떤 도로와 다리들 그리고 수로 정리들 등등이 필요한지는 일반적인 계획에 따라 확립되어 있을 것이다. 그것은 주들에 따라 통합, 정리된다. 각각의 주들 내부에서도 비슷한 방식으로 도시의 소재지들이 경매에 붙여진다. 지역 집단들은 그 일을 성실하게 성취할 의무를 떠맡으며, 자율적으로 정해진 분담 노동으로 그 비용을 치를 것이다. 유대인 협회는 바로 지역 집단들이 잘못하여 너무 커다란 희생을 치르는 것은 아닌지 미리 알 수 있을 것이다. 커다란 공동체들은 자신들의 활동을 위한 커다란 무대를 획득할 것이며, 더 커다란 희생은 일정한 기부금들에 의해 대학들, 전문대학들, 직업 전문학교들, 연구소들 등등을 설립함으로써 보상받을 것이다. 그리고 반드시 중심 도시에 있을 필요가 없는 국가 기관들은 영토 이곳저곳으로 흩어질 것이다.

경매 낙찰자들 자신의 관심사와 필요한 경우에는 지역적으로 분담된 노동이 떠맡은 일의 올바른 성취를 보장한다. 왜냐하면 우리가 각각의 개인들의 차이를 제거할 수 없고 또 제거하고자 하지 않듯이, 또한 지역 집단들 사이의 차이도 계속해서 존재할 것이기 때문이다. 모든 것은 자연적인 방식으로 나누어진다. 모든 획득된 권리들이 보호받을 것이며, 새로운 각각의 모든 발전은 충분한 활동 공간을 획득할 것이다. 이것들은 모두 다 우리의 사람들에게 명확하게 잘 알려지게 될 것이다.

|97| 우리가 다른 사람들을 불시에 공격하거나 기만하고자 하지 않듯이, 우리는 또한 우리 자신도 속이고자 하지 않는다.

처음부터 모든 것은 계획적인 방식으로 확립되어 있을 것이다. 내

가 단지 암시할 수 있을 뿐인 이 계획을 완성하는 데에 우리의 가장 명민한 두뇌의 소유자들이 참여할 것이다. 우리가 살고 있는 이 시대와 장기적으로 계속될 이 계획의 실행이 속하게 될 좀 더 고등한 시대의 모든 사회과학적이고 기술적인 성취들이 이 목적의 달성을 위해 사용되어야 한다. 이미 현존하고 앞으로 존재하게 될 모든 가치 있는 발명품들이 이용되어야 한다. 그리하여 역사상 유례없는 형식의 영토 점령과 국가 창설이 지금까지 존재한 적이 없었던 성공의 기회를 지니고서 이루어지게 될 것이다.

## 헌법

유대인 협회에 의해 설치되어야 할 커다란 위원회들 가운데 하나는 국가 법률가 평의회der Rat der Staatsjuristen일 것이다. 이들은 가능한 한 훌륭한 현대적인 헌법을 만들어 내야만 한다. 나는 훌륭한 헌법은 적당한 융통성을 지니는 것이어야 한다고 믿는다. 다른 작품에서 나는 내게 어떤 국가 형식들이 가장 좋은 것들로 보이는지를 설명한 바 있다. 나는 민주주의적인 군주정과 귀족주의적인 공화정을 국가의 가장 섬세하고 훌륭한 형식들로 여긴다. 왜냐하면 국가 형식과 통치 원리는 상호간에 균형을 이루는 대립 속에 서 있어야만 하기 때문이다. 나는 군주정체적인 제도들에 대한 견결한 지지자인데, 왜냐하면 그것들은 지속적인 정책을 가능하게 할 뿐만 아니라 또한 [98]지배를 위해 태어나 교육받은 역사적으로 유명한 가족의 국가 보존과 연관된 관심사를 나타내기도 하기 때문이다. 그렇지만 우리의 역사는 우리가 그 제도를 더 이상 계승할 수 없을 만큼 너무도 오랫동안 단절되어 왔다. 한갓된 시도는 어처구니없는 어리석음이라는 악담에 처하게 될 것이다.

군주라는 효과적인 균형추를 지니지 않는 민주정은 누구를 인정하는 데서나 매도하는 데서 무절제하며, 의회에서의 쓸데없는 논의로 이어지고 직업 정치인이라는 추잡한 범주를 산출한다. 또한 현재의 민족들은 무제한적인 민주주의에 적합하지 않거니와, 나로서는 그들이 미래에는 훨씬 더 그에 적합하지 않게 될 것이라고 생각한다. 왜냐하면 순수한 민주주의란 아주 단순한 관습들을 전제하는데, 우리의 관습들은 교류의 성장과 문화의 증대와 더불어 점점 더 복잡해질 것이기 때문이다.

"민주주의의 원동력은 덕이다Le ressort d'une démocratie est la vertu"라고 지혜로운 몽테스키외*는 말한다. 그러면 이 덕, 즉 내 생각에 정치적인 덕은 어디서 찾아질 수 있는가? 나는 우리의 정치적인 덕을 믿지 않는데, 왜냐하면 첫째로, 우리는 현대의 다른 사람들과 다르지 않기 때문이고 둘째로, 자유 속에서 우리는 무엇보다도 우선 교만해질 것이기 때문이다. 나는 국민 투표를 불완전한 것으로 여기는데, 왜냐하면 정치에서 한갓되이 찬성과 반대로 대답될 수 있는 단순한 물음은 존재하지 않기 때문이다. 또한 유감스럽게도 군중은 의회들보

* 몽테스키외(Charles-Louis de Secondat, baron de Montesquieu, 1689. 1. 18~1755. 2. 10). 프랑스 계몽사상의 선구적 법학자. 『페르시아인의 편지』 등을 통해 영국의 제도에 의거하여 프랑스 절대왕정에 강한 비판을 가함으로써 계몽사상 운동의 선구적인 역할을 수행했지만, 더 나아가 무엇보다도 우선 『법의 정신』을 통한 삼권분립 등의 주장으로 근대 유럽의 법학과 정치학에 결정적인 영향을 주었다.

다도 훨씬 더 잘못된 생각들에 굴복하고 온갖 강력한 외침에 기울어지는 경향이 있다. 우리는 대외 정책이나 대내 정책을 대중 집회에서 결정할 수 없다.

정치는 위로부터 아래로 이루어져야만 한다. 하지만 그렇다고 해서 유대 국가에서는 어느 누구도 노예화되어서는 안 되는데, [99] 왜냐하면 모든 유대인은 위로 올라설 수 있고 또 누구나 다 위로 올라서기를 원하기 때문이다. 따라서 위로 향하는 강력한 행렬이 우리 민족 속에서 출현해야만 한다. 각각의 모든 개인은 다만 자기 자신만을 들어 올린다고 생각할 것이거니와, 거기서는 전체가 드높여질 것이다. 올라섬은 국가에 유용하고 민족 이념에 이바지하는 윤리적인 형식들로 수행되어야 한다.

그런 까닭에 나는 귀족주의적인 공화정을 생각하고 있다. 그것은 또한 지금은 하찮은 허영심으로 변질되어 있는 우리 민족의 명예를 추구하는 정신에도 일치한다. 베네치아의 많은 제도들이 내 머리 속에 떠오른다. 하지만 베네치아가 몰락한 이유가 됐던 모든 것은 회피되어야 한다. 우리는 우리 자신의 역사적 잘못으로부터 뿐만 아니라 다른 이들의 잘못으로부터도 배워야 한다. 왜냐하면 우리는 현대적인 민족이고 또 가장 현대적인 민족이 되고자 하기 때문이다. 유대인 협회가 새로운 나라를 건네주는 우리 민족은 또한 유대인 협회가 자기에게 가져다주는 헌법도 감사하게 받아들일 것이다. 그러나 저항이 나타나는 곳에서는 협회가 그 저항을 분쇄할 것이다. 유대인 협회는 자신의 일을 수행해 나감에 있어 어리석고 편협하거나 나쁜 의도를 지닌 개인들로 인해 방해받아서는 안 된다.

# 언어

아마도 누군가는 우리가 더 이상 공통의 언어를 갖고 있지 않은 것이 어려움을 낳을 것이라고 생각할지도 모른다. 하지만 우리는 히브리어로 서로 이야기를 나눌 수 없다. 우리 중에 누가 히브리어로 기차표를 요구하기에 충분할 만큼 이 언어를 안단 말인가? 그런 사람은 존재하지 않는다. 그럼에도 불구하고 그 문제는 아주 단순하다. 각각의 모든 사람은 자기 생각들의 사랑스러운 고향인 자기 언어를 보존할 수 있다. 언어 연방주의의 가능성에 대해서는 [100]스위스가 결정적인 실례를 제공한다. 우리는 우리가 그로부터 쫓겨난 우리의 조국들을 비애의 감정을 가지고 사랑하길 결코 그치지 않을 것임과 마찬가지로 저쪽에서도 또한 지금의 우리 모습 그대로 머무르게 될 것이다.

우리는 우리가 지금 사용하고 있는 위축되고 억압된 은어들, 즉 저 게토의 언어들을 버리게 될 것이다. 왜냐하면 그것들은 죄수들의 은밀한 언어들이기 때문이다. 우리 민족의 교사들은 이 문제에 그에 마땅한 주목을 보내게 될 것이다. 일반적인 상호 교류에 효율적으로 가장 많이 사용되는 언어가 강제 없이 중심 언어로 자리 잡게 될 것이다.

우리의 민족 공동체는 바로 특유하고도 유일한 민족 공동체이다. 왜냐하면 우리는 본래적으로 여전히 우리 조상들의 믿음에서만 서로가 공속하고 있음을 알아보기 때문이다.

# 신정 정치

그렇다면 우리는 결국 신정 정치를 갖게 될 것인가? 결코 아니다! 믿음은 우리를 결속시키며, 과학은 우리를 자유롭게 한다. 따라서 우리는 우리의 성직자들이 지닌 신정주의적인 경향의 속마음이 결코 대두되지 않도록 할 것이다. 우리는 우리의 직업적인 정규군을 그들의 병영에 꽉 붙들어 놓게 될 것이듯이 사제들도 그들의 사원들에 붙들어 두게 될 것이다.

군대와 성직자들은 그들의 아름답고 가치 있는 기능들이 필요로 하고 또 마땅히 받아야 할 만큼의 높은 존경을 받아야 한다. 그러나 그들은 그들을 특별 대우하는 국가에 대해 아무것도 참견해서는 안 되는데, 왜냐하면 그렇지 않을 경우 그들은 대외적인 어려움뿐만 아니라 대내적인 어려움도 불러일으킬 것이기 때문이다.

모든 사람은 그들의 국적에서와 마찬가지로 그들의 신앙고백이나 그들의 불신앙에서 자유로울 것이다. [101] 그리고 어쩔 수 없이 다른 신앙과 다른 국적을 지닌 사람들도 우리들 사이에 함께 거주하게 된다면, 우리는 그들에게 명예로운 보호와 법적인 평등을 보장하게 될 것이다. 우리는 유럽에서 관용Toleranz을 배웠다. 나는 그것을 결코 빈정대듯이 말하고 있지 않다. 현재의 반유대주의는 단지 산발적으로 흩어진 소수의 곳에서만 낡은 종교적 불관용으로 간주될 수 있다. 문화 민족들에게서 대부분의 반유대주의는 그 민족들 자신의 과거의 유령을 막아내고자 하는 운동이다.

## 법률들

국가사상의 실현이 가까이 다가올 때, 유대인 협회는 법률가 협의회로 하여금 입법을 위한 준비 작업을 수행하도록 할 것이다. 과도기를 위해서는 서로 다른 나라들로부터 이주해 온 유대인들 모두가 각각 자신이 지금까지 거주했던 나라들의 법률에 따라 재판받도록 하는 원칙이 가정될 수 있다. 하지만 곧바로 법적인 통일성이 추구되어야 한다. 그것은 현대적인 법률들이어야만 하며, 또한 거기서는 어디서나 가장 좋은 것이 사용되어야만 한다. 그것은 현대의 모든 정당한 사회적 요구들에 의해 관철된 모범적인 법전 편찬이 될 수 있다.

## 군대

유대 국가는 중립국으로서 생각되고 있다. 따라서 유대 국가는 대외적이고 대내적인 질서를 유지하기 위해 단 하나의 직업적인 정규군 — 물론 그들은 현대적인 모든 전투장비들을 갖추고 있다 — 만을 필요로 한다.

|102| 국기

우리는 국기를 갖고 있지 않다. 따라서 우리에게는 국기가 필요하다. 왜냐하면 우리가 만약 많은 사람들을 이끌고자 한다면, 우리는 그들의 머리 위에 하나의 상징을 들어 올려야만 하기 때문이다.

내가 생각하고 있는 것은 일곱 개의 황금빛 별들이 그려진 흰 깃발이다. 흰 면은 우리의 새로운 순수한 삶을 의미한다. 별들은 우리의 황금빛처럼 뛰어난 7시간 노동일을 나타낸다. 왜냐하면 우리는 노동의 표지를 달고 새로운 땅으로 갈 것이기 때문이다.*

## 상호성과 범인 인도 조약

새로운 유대 국가는 분별 있게 창설되어야만 한다. 우리는 바로 미래에 우리가 세계에서 차지해야 할 명예로운 지위에 대해 생각하고 있다.

그런 까닭에 떠나기 전에 지금까지의 거주지들에서의 모든 의무들이 성실하게 완수되어야만 한다. 유대인 협회와 유대인 회사는 이주자들이 지금까지 거주했던 곳의 관청에서 "훌륭하게 정리하고 떠났음In guter Ordnung fortgezogen"을 공식적으로 확인해 주는 증명서를 제출하는 사람들에게만 값싼 여행과 정착을 위한 모든 우대 조치들을 제공하게 될 것이다.

---

\* 물론 현재의 이스라엘 국기는 이와 다르다. 이스라엘 국기는 흰 면에 위 아래로 파란 줄이 그어져 있고 그 중앙에 육각별이 그려져 있는 모습을 하고 있다. 중앙의 육각별은 두 개의 삼각형으로 이루어진 것으로 고대 이스라엘 다윗왕의 방패를 나타낸다. 파랑과 하양은 유대교 기도자의 어깨걸이 빛깔이다.

버리고 떠나온 나라들에서 유래하는 모든 사법私法상의 정당한 요구들은 다른 어디에서보다도 유대 국가에서 더 쉽게 청원될 수 있을 것이다. 우리는 전혀 상호성Reziprozität(호혜성)을 기다리지 않을 것이다. 우리는 그것을 다만 우리 자신의 명예를 위해서만 행하고자 한다. 그리하여 나중에는 또한 우리의 요구들도 지금 이곳저곳에서 그러한 것보다도 더 기꺼이 우리의 주장에 귀 기울여주는 법정을 발견하게 될 것이다.

또한 지금까지 이야기한 것으로부터 자명한 것으로 드러나는 것은 우리가 형사 주권을 여타의 다른 모든 문명화된 민족들과 동일한 원칙들에 따라 행사하게 되는 순간에 이르기까지는 우리가 유대인 범죄자들을 다른 어떤 국가보다도 더 쉽게 인도하리라는 것이다. [103] 그러므로 우리가 우리의 범죄자들을 그들이 마땅히 받아야 할 형벌을 치르고 나서야 비로소 받아들이는 이행기가 생각되고 있다. 그러나 그들이 형벌을 치르고 나면, 그들도 어떠한 제한도 없이 받아들여지게 될 것이며, 범죄자들에 대해서도 우리와 함께 하는 새로운 삶이 시작되어야 할 것이다.

그리하여 모든 유대인들에 대해 이주는 행복하게 진행되는 위기가 될 수 있다. 인간의 수많은 특성을 타락시키는 나쁜 외적인 조건들은 제거될 것이며, 상실된 것은 구제될 수 있을 것이다.

나는 여기서 내가 비트바테르스란트Witwatersrand*의 금광들에 관

● ●

* 간단히 란트라고도 한다. 남아프리카 공화국 트란스발 주 남부에 있는 금광맥. 이 이름은 '하얀 샘의 능선'을 뜻한다. 발 강과 림포포 강의 분수령인 이 능선은 길이가 100km, 폭이 37m, 평균 고도는 1,700m이다. 1886년 광맥으로 알려져 있는 역암층에서 풍부한 금 매장층이 발견된 이후 많은 사람들이 이곳으로 몰려들었고, 이로

한 어느 보고에서 발견하게 된 이야기에 관해 간단히 언급하고자 한다. 한 남자가 어느 날 란트에 와서는 거기에 눌러 앉았다. 그는 오직 금 채굴만을 제외하고 여러 가지 일을 시도하여 마침내 얼음 공장을 설립했으며, 그 공장은 번창했다. 그리고 그는 곧바로 예의바르고 존경받을 만한 태도에 의해 보편적인 존경을 획득했다. 그런데 그는 몇 년 후 갑자기 체포되었다. 그는 프랑크푸르트에서 은행가로서 사기를 저지르고서는 도주하여 여기서 가명으로 새로운 삶을 시작했던 것이다. 그러나 사람들이 그를 붙잡아 끌고 갈 때에 가장 명망 있는 사람들이 역에 나타나 그에게 진심으로 안녕을 고했다 — 다시 봅시다!auf Wiedersehen! 왜냐하면 그는 다시 돌아올 것이기 때문이다.

이 이야기는 도대체 무엇을 말하고 있는가? 새로운 삶은 범죄자마저도 개선할 수 있다. 게다가 우리는 비교적 아주 소수의 범죄자만을 가지고 있다. 이에 관한 다음의 흥미로운 통계 자료는 읽을 만한 가치가 있을 것이다. 그것은 [104]베를린의 P. 나탄Nathan 박사가 반유대주의적인 공격의 저지를 위한 위원회Komitee zur Abwehr antisemitischer Angriffe의 위임을 받아 공적인 보고서에 근거하여 정리한『독일에서 유대인의 범죄 행위Die Kriminalität der Juden in Deutschland』이다. 그러나 물론 숫자로 가득 찬 이 저술은 다른 많은 '저지'와 마찬가지로 반유대주의가 이성적으로 논박될 수 있다는 오류로부터 출발하고 있다. 사람들은 우리를 추측컨대 우리의 잘못들뿐만 아니라 그와 마찬가지로 우리의 장점들 때문에 증오한다.

인해 가까이에 있는 요하네스버그가 번창하게 되었다.

## 유대인 이주의 이점들

나로서는 많은 정부들이 이 구상에 대해 자발적으로나 그들의 반유대주의자들의 압력에 의해 어느 정도 주목하게 될 것이며, 어쩌면 심지어 이곳저곳에서는 처음부터 이 계획을 공감을 지니고서 받아들여 그러한 태도를 유대인 협회에게도 보여줄 것이라고 생각한다.

왜냐하면 내가 제안하는 유대인 이주로 인해 어떠한 경제적 위기도 발생할 수 없을 것이기 때문이다. 유대인 박해의 결과로서 도처에서 나타나지 않을 수 없을 그러한 위기들은 이 구상의 실행에 의해 오히려 저지되게 될 것이다. 복지의 위대한 시기가 지금 반유대주의적인 나라들에서 시작될 것이다. 왜냐하면 내가 이미 종종 말했듯이 유대인들이 서서히 계획적으로 비워주는 자리로의 기독교 시민들의 대내적인 이주가 성립하게 될 것이기 때문이다. 만약 사람들이 우리를 그저 허락할 뿐만 아니라 곧바로 도와주기까지 한다면, 운동은 도처에서 결실 있는 결과를 가져올 것이다. 또한 수많은 유대인들이 빠져나감으로써 나라들의 빈곤화가 결과로서 나타나지 않을 수 없다고 하는 것은 우리가 그로부터 자유로워져야만 하는 편협한 관념이기도 하다. [105]박해의 결과로 나타나는 유출은 달리 나타나는데, 그 경우에는 물론 전쟁의 혼란에서와 마찬가지로 재화들이 파괴된다. 그러나 식민지 개척자들의 평화적이고 자발적인 유출은 다른데, 그 경우에는 모든 것이 획득된 권리들의 보호 하에서, 가장 완전하게 합법적으로, 자유롭고 공개적으로, 밝은 대낮에, 당국의 감시 하에, 여론의 통제 하에서 수행될 수 있다. 세계의 다른 부분들로 향하는 기독교 프롤레타리아들의 이주는 유대인 운동에 의해 멈춰지게 될 것이다.

국가들은 더 나아가 그들의 수출 무역이 강력히 성장하는 이점을 가질 것인데, 왜냐하면 저쪽으로 이주한 유대인들이 여전히 오랫동안 유럽의 생산품에 의지할 수밖에 없는 까닭에 그들이 필연적으로 그것들을 구입하지 않을 수 없겠기 때문이다. 지역 집단들이 올바르게 균형을 맞추게 될 것이며, 익숙한 욕구들은 여전히 오랫동안 익숙한 장소들에서 충족되어야만 할 것이다.

가장 커다란 이점들 가운데 하나는 아마도 그에 이어지는 사회적 긴장의 완화일 것이다. 사회적 불만은 어쩌면 유대인 이주가 이루어질 20년이나 그보다 오래 지속될 시간을 거쳐 진정될 수 있겠지만, 어느 경우에도 유대인 이주의 시기 전체를 관통하여 지속될 것이다.

사회적 문제가 취할 수 있는 형태는 오로지 기술적 수단의 발전에 달려 있을 뿐이다. 증기의 힘은 사람들을 공장의 기계 주위로 모이게 했는데, 거기에 사람들이 잇달아 밀려들어 그들은 서로를 불행하게 만들었다. [106] 생산은 현재 거대하고 무분별하며 무계획적이고, 매순간 심각한 위기들로 이어지는데, 그 위기들을 통해 기업들과 더불어 노동자들도 몰락하고 있다. 증기의 힘은 사람들을 함께 모아 내리눌렀다. 전기의 응용은 추측컨대 사람들을 다시 흩어지게 할 것이며, 어쩌면 좀 더 행복한 노동 조건을 가져다 줄 것이다. 어쨌든 기술적 발명가들, 요컨대 인류의 참된 선행자들은 유대인 이주가 시작된 후에도 계속해서 일하게 될 것이며, 희망컨대 지금까지와 마찬가지로 놀라운 것들을, 아니 지금까지보다 훨씬 더 놀라운 것들을 발견하게 될 것이다.

이미 '불가능하다'라는 말은 기술의 언어에서 사라진 것으로 보인

다. 지난 세기의 사람이 다시 돌아오게 된다면, 그는 우리의 삶 전체가 전혀 이해할 수 없는 마법으로 가득 차 있다고 바라보게 될 것이다. 우리 현대인들이 우리가 발명한 도구들을 가지고 출현하는 곳에서 우리는 황무지를 정원으로 탈바꿈시킨다. 도시들을 건설하기 위해 이전의 역사 시기들에서는 몇 세기가 필요했겠지만, 지금 우리에게는 몇 년이면 충분하다. 이에 대해서는 아메리카가 수많은 실례를 제공한다. 거리는 장애물이기를 그쳤다. 현대적 정신의 보물창고에는 이미 엄청나게 많은 재화들이 가득 차 있다. 매일같이 그것들은 증가되고 있다. 수십만의 명민한 두뇌의 소유자들이 지구의 모든 곳에서 머리를 짜내 새로운 것을 시도하고 있으며, 한 사람이 발견한 것은 그 즉시로 전 세계에 속한다. 우리 자신은 유대인의 나라에서 새로운 모든 시도들을 이용하여 모범을 보일 수 있게 될 것이며, 우리가 7시간 노동일을 인류 전체의 복지를 위한 실험으로서 수행하게 될 것이듯이 인도주의적인 모든 것에서 앞장 서 나아가 |107|새로운 나라를 실험의 땅이자 모범의 나라로 내세우고자 한다.

유대인들이 떠나간 후에 그들에 의해 창조된 기업들은 그것들이 본래 있던 곳에 그대로 남아 있게 될 것이다. 그리고 유대인의 기업 정신은 사람들이 그 정신을 기꺼이 맞이해 주는 곳에서는 어디서나 결코 사라지지 않을 것이다. 또한 유대인의 유동 자본은 더 나아가 그 소유자들에게 상황과 조건이 잘 알려져 있는 곳에서 투자처를 찾게 될 것이다. 그리고 지금 유대인의 화폐 자본이 현존하는 박해로 인해 나라 밖에서 아주 멀리 떨어져 있는 기업들을 찾아나서는 반면, 지금 이 평화적인 해결이 이루어지게 되면 그것은 다시 돌아와 지금까지의 유대인의 거주지들의 또 다른 비약에 기여하게 될 것이다.

# VI. 맺는말

|108|오랫동안 생각을 거듭하고 때때로 고쳐 다듬어 온 이 글에서 얼마나 많은 것이 논의되지 못한 채 남아 있고, 얼마나 많은 결함과 치명적으로 피상적인 것들 그리고 무익한 반복들이 존재하겠는가!

그러나 행간에 숨어 있는 말의 내적인 것을 읽어내기에 충분한 이해력을 지닌 성실한 독자들은 이러한 결함들로 인해 떨어져 나가지 않을 것이다. 그들은 오히려 자신의 통찰력과 힘을 가지고서 어느 한 개인에 속하지 않는 이 작업에 참여하여 그것을 개선할 수 있게 될 것이다.

나는 자명한 것들을 설명하지 않고 또 중요한 이의제기들을 간과했는가?

몇 가지 반론들을 나는 논박하고자 시도했다. 하지만 나는 또 다른 수많은 반론들이 존재하고, 또 그 수준이 높거나 낮은 반론들이 존재한다는 것을 알고 있다.

이 세계에 유대인의 곤경이 유일한 것이 아니라는 반론은 수준이 높은 것에 속한다. ─ 그러나 나로서는 어느 경우에도 비록 그것이 당장에는 단지 우리 자신의 것일 뿐이라 하더라도 그 고통의 적은 것이나마 제거하기를 시작해야 한다고 생각한다.

더 나아가 말해질 수 있는 것은 우리가 인간들 사이에 새로운 구별을 초래해서는 안 된다고 하는 것이다. 요컨대 우리는 어떠한 새로운 경계선도 긋지 않고 오히려 낡은 것들이 사라지도록 해야 한다고 하는 것이다. ─ |109|나로서는 그렇게 생각하는 사람들이 사랑스러운 몽상가들이라고 생각한다. 그러나 그들의 백골이 진토가 되어 이미 바람에 날려 사라져 버릴 때에도 조국의 이념은 계속해서 꽃피우게 될 것이다. 보편적 형제애는 결코 아름다운 꿈이 아니다. 적敵은 인간의 최고의 노력들을 위해 필요하다.

그러나 어떻게 그럴 수 있겠는가? 유대인들은 아마도 그들 자신의 국가에서 더 이상 적을 갖지 않을 것이거니와, 그들이 복지와 번영 속에서 취약해지고 쇠퇴할 것이기 때문에 유대 민족은 그때에야 비로소 올바르게 몰락하게 될 것인가? ─ 나로서는 유대인들이 다른 모든 민족과 마찬가지로 언제나 충분한 적들을 가질 거라고 생각한다. 그러나 그들이 그들 자신의 땅에 정착할 때면 그들은 결코 더 이상 온 세계에 흩어질 수 없다. 세계의 문화 전체가 붕괴하지 않는 한, 디아스포라는 반복될 수 없다. 그리고 문화 전체의 붕괴에 대해서는 오로지 어리석은 자만이 두려워할 수 있다. 현재의 문화는 자기를 지키기에 충분한 강력한 수단들을 지니고 있다.

수준이 높은 사람들보다 낮은 사람들이 훨씬 더 많듯이 수준이 낮은 이의제기들은 헤아릴 수 없이 많다. 나는 몇 가지 제한된 관념들을 격퇴하고자 시도했다. 일곱 개의 별들이 새겨진 흰 깃발 뒤에 서고자 하는 사람들은 이러한 계몽 캠페인에 참여하여 일을 도와야만 한다. 아마도 그 싸움은 무엇보다도 우선 수많은 악의적이고 편협하며 우매한 유대인들에 대항해 수행되어야만 할 것이다.

그러면, 사람들은 내가 반유대주의자들에게 무기를 건네준다고 말하지 않겠는가? 어째서? 내가 진리를 고백하기 때문에? 내가 우리들에게는 오로지 탁월한 사람들만이 존재한다고 주장하지 않기 때문에? |110| 사람들은 내가 우리를 해칠 수도 있는 방법을 우리의 적에게 보여주고 있다고 말하지 않겠는가? 이것을 나는 가장 결정적으로 논박하고자 한다. 내가 제안하는 것은 다만 유대인들 다수의 자유로운 동의에 의해서만 실행될 수 있다. 지금 가장 강력한 유대인들 가운데 개인들이나 심지어 집단들에 반대하는 행동이 취해질 수도 있지만, 국가로부터 모든 유대인들에 반대하는 행동은 결코 다시는 취해질 수 없다. 유대인들의 법 앞에서의 평등한 권리는 그것이 일단 존재하는 곳에서는 더 이상 제거될 수 없다. 왜냐하면 그러한 시도는 그것이 시작되자마자 곧바로 가난하든 부유하든 모든 유대인들을 혁명 당파들로 몰아갈 것이기 때문이다. 유대인들에 대한 공식적인 부당한 조처들은 그것이 시작되자마자 이미 도처에서 경제적인 위기를 초래하고 있다. 그러므로 본래적으로 사람들은 만약 그들이 자기 자신에게 고통을 가하고자 하지 않는다면 우리에 반대하여 어떠한 효과적인 조처도 취할 수 없다. 그러한 조처가 취해질 때면 증오가 자라고 또 자란다. 부유한 자들은 그것을 많이 느끼지 않는다. 그러나 우리의 가난한 자들은! 반유대주의의 부활 이후 이전보다 훨씬 더 끔찍하게 프롤레타리아화한 우리의 가난한 자들에게 물어볼 수 있을 것이다.

몇몇의 유복한 자들은 억압이 여전히 이주를 정당화하기에 충분히
크지 않으며, 강제적이고 폭력적인 유대인 추방은 그 자체가 우리
사람들이 얼마나 떠나고 싶어 하지 않는지를 보여준다고 생각하게
될 것인가? 그러나 그것은 그들이 어디로 가야 하는지를 알지 못하기
때문일 뿐이다! 그리고 그것은 다만 그들이 하나의 불행으로부터 다
른 불행으로 옮겨갈 뿐이기 때문이다. 그러나 우리는 그들에게 약속
의 땅에 이르는 길을 제시한다. 그리고 열광이라고 하는 훌륭한 힘이
습관이라고 하는 끔찍한 힘과 맞붙어 싸워야만 한다.

박해들은 더 이상 중세에서처럼 그렇게 악성이지 않은가? 그렇다,
그러나 우리의 감수성이 성장했으며, [IIII]따라서 우리는 고통의 감소
를 느끼지 못한다. 오랜 박해는 우리의 신경을 지나치게 흥분시켜
놓았다.

또한 사람들은 우리가 영토와 주권을 획득할 때에도 단지 가난한
사람들만 함께 갈 것이기 때문에 우리의 시도가 희망 없는 것이라고
말할 것인가? 처음에 우리가 필요로 하는 것은 바로 그들이다! 오로지
좌절한 모험가들만이 새로운 땅의 획득과 개척에 적합하다.

누군가는 좋다, 하지만 그것이 가능하다면 이미 오래 전에 이루어
졌을 거라고 말할 것인가?

이전에 그것은 결코 가능하지 않았다. 그러나 지금 그것은 가능하
다. 백 년 전만 하더라도, 아니 50년 전에도 그것은 몽상이었을 것이다.
하지만 오늘날 그 모든 것은 현실적이다.

모든 기술적 성과들을 향락적으로 내려다보는 부유한 자들은 돈으
로 모든 것이 이루어질 수 있다는 것을 아주 잘 알고 있다. 그리고
일은 그렇게 되어갈 것이거니와, 바로 인간이 자연의 힘들에 대해

이미 어떠한 힘을 소유하고 있는지를 전혀 알지 못하는 가난하고 단순한 사람들이야말로 새로운 메시지를 가장 확고하게 믿게 될 것이다. 왜냐하면 그들은 약속의 땅에 대한 희망을 잃지 않았기 때문이다.

유대인들이여, 그것은 여기 있다! 결단코 우화도 사기도 아니다! 누구나 모두 그것을 확신할 수 있다. 왜냐하면 모두는 각각 약속의 땅의 한 부분을 저쪽으로 짊어 나를 것이기 때문이거니와, 어떤 사람은 자기의 머리로, 다른 사람은 자기의 팔로, 또 다른 사람은 자기가 획득한 재화로 그리 할 것이다.

그런데 이 모든 것은 오래 끄는 진저리나는 일인 것처럼 보일 수 있을 것이다. 가장 유리한 상황에서도 국가 창설이 시작되기 위해서는 또 여러 해를 기다려야 할 것이고, 그 사이에 유대인들은 |112|수천 곳에서 조롱과 모욕, 나무람과 구타, 약탈과 죽음을 당할 것이라는 것이다. 그러나 아니다. 우리가 다만 이 계획을 실행하기를 시작만 한다 하더라도 반유대주의가 도처에서 그리고 곧바로 잦아들 것이다. 왜냐하면 그것이 평화의 결론이기 때문이다. 유대인 회사가 설립되게 되면 이 소식은 한 나절 안에 우리의 전신줄을 통해 번개같이 지구상의 가장 멀리 떨어진 곳까지 전달되어 있을 것이다.

그리고 즉각적으로 또한 무거운 짐으로부터의 벗어남이 시작된다. 우리의 과잉 생산된 중간급 지식인들이 중간 계급으로부터 흘러나와 우리의 최초의 조직들로 흘러들어갈 것인바, 그들은 우리의 최초의 기술자들, 장교들, 교수들, 공무원들, 법률가들, 의사들을 형성할 것이다. 그리하여 일이 빠르게 더욱 진전되겠지만 어떠한 동요도 없을 것이다.

사람들은 사원들에서 사업의 성공을 위해 기도할 것이다. 그러나 교회들에서도 마찬가지다. 왜냐하면 그것은 모두가 겪었던 오랜 억압의 해결이기 때문이다.

그러나 우리는 먼저 사람들의 머리를 밝혀야만 한다. 사상은 우리의 사람들이 살고 있는 가장 멀리 떨어져 있는 비참한 둥지에 이르기까지 전달되어야만 한다. 그들은 그들의 어슴푸레하고 답답한 생각으로부터 깨어나게 될 것이다. 왜냐하면 우리의 모든 삶에 새로운 내용이 들어올 것이기 때문이다. 모든 사람은 다만 자기 자신에 대해서만 생각할 필요가 있거니와, 그 행렬은 이미 강력한 것이 되고 있다.

그리고 모종의 영광이 이 일을 위해 사심 없이 투쟁하는 자들을 기다리고 있다!

그러므로 나는 유대인의 놀라운 한 세대가 이내 성장하게 될 것이라고 믿는다. 마카베오*와 같은 영웅들이 다시 일어서게 될 것이다.

|113|다시 한 번 처음에 했던 말을 반복하고자 한다. 그러기를 원하는 유대인들은 자신들의 국가를 갖게 될 것이다. 우리는 결국 자유로운 사람들로서 우리 자신의 터전에서 살아야 하며 우리 자신의 고향에서

. .
* Judas Maccbeus(? ~ BC. 161). 셀레우코스 왕 안티오코스 4세 에피파네스의 침략으로부터 조국을 지킨 유대인 유격대 지도자. 유대인들에게 헬레니즘이 강요되는 것을 막고 유대인의 종교를 보존했다. 안티오코스가 유대인들에게 그리스 종교를 강요하려 하자 이에 반항하여 산으로 올라갔던 늙은 성직자 마타시아스의 아들로 아버지가 죽은 뒤 반란군을 이끌었다. 군사적인 면에서도 탁월한 능력을 발휘하여 순식간에 셀레우코스의 4개 군단을 격퇴하고 예루살렘을 되찾았다. 지금도 유대인들은 빛의 축제인 하누카 때가 되면 그때의 일을 기린다. BC 164년 안티오코스가 죽자 셀레우코스 제국은 유대인들에게 종교의 자유를 허용하겠다고 했으나 그는 종교뿐만 아니라 정치에서도 유대 민족이 자유롭기를 원했기 때문에 전쟁을 계속했다. 그는 비록 2년 후에 살해되었지만, 동생들이 싸움을 계승하여 유대의 독립을 이루어냈다.

평화롭게 죽어야 한다.

세계는 우리의 자유를 통해 자유롭게 되고, 우리의 부를 통해 부유해지며, 우리의 위대함을 통해 위대해질 것이다.

그리고 우리가 거기서 오직 우리 자신의 번영을 위해 시도하는 모든 것은 강력하고도 행복하게 하는 방식으로 모든 인간의 복지를 위해 작용할 것이다.

# 헤르츨의 간략한 전기

|115| 1860년 부다페스트에서 태어난 **테오도르 헤르츨**Theodor Herzl은 유복한 유대인 집안 출신이었다. 그는 (1878년부터) 빈에서 법학을 공부했으며, 그 후 (1891년부터 1895년까지) 명망 있는 빈의 일간지인 『노이에 프라이에 프레세*Neue Freie Presse*』(신자유신문)의 파리 특파원이었고, 그 이후에는 문예란의 편집자였다. 이미 학생 시절에 헤르츨은 반유대주의적인 캠페인과 접촉했으며, 그로 인해 그는 학생 단체인 '알비아Albia'로부터 탈퇴하지 않을 수 없었다. 그의 연극 『새로운 게토*Das neue Ghetto*』(1894)는 유대인 문제에 전념하고 있음을 보여주는 문학적 증거이다. 그러나 헤르츨이 외국 특파원으로서 보도한 드레퓌스 사건*이 주는 인상 하에서 비로소 그는 오로지 독립적인

* 1894년 9월 프랑스에서는 프랑스 군대의 정보를 독일에 누출한 스파이를 찾는다는 명목으로 범인을 색출하는데, 거기서 유대인 포병대위 드레퓌스가 반역자로 지목된다. 이것이 바로 드레퓌스 사건이다. 드레퓌스는 범인과 글씨가 비슷하다는 이유

유대인 국가의 창설만이 '유대인 문제'를 지속적으로 해결할 수 있다는 확신에 도달했다. 이러한 이념을 그는 선언문인 『유대 국가』에서 전개했는데, 이로써 그는 정치적 시온주의의 창시자가 되었다. 귀족주의적으로 지도되는 이 미래 국가의 문학적인 형상을 헤르츨은 소설인 『오래된 새로운 땅*Altneuland*』(1902)*에서 그려보였다.

헤르츨은 『유대 국가』가 유토피아로서가 아니라 실현 가능한 구상으로서 이해되길 원했다. [116]실제로 그는 시온주의적인 대중 운동을 조직하는 데 성공했는데, 그럼에도 불구하고 유대인 금융 자본가들과 지도적인 정치인들을 자신의 이념으로 끌어들이고자 하는 그의 최초의 시도는 실패했다. 로스차일드 가문**은 비스마르크와 빌헬름 2세 황제와 마찬가지로 그의 문의에 반응하지 않았다. 1897년 바젤에서 최초의 시온주의자 세계회의가 개최되었는데, 그 강령은 1917년 '밸푸어 선언Balfour-Declaration'***에서 영국 정부에 의해 공식적인 인정

●　●

만으로 증거도 없이 반역 죄인이 된다. 10년이 지나 무죄를 인정받지만, 파리에서 특파원 생활을 하던 중 이 사건을 지켜본 헤르츨은 유대인 국가를 건설하지 않는 한 참된 유대인 해방은 있을 수 없다고 생각하게 된다.

* 헤르츨이 죽기 얼마 전인 1902년에 출판한 반정치공상half political fantasy이자 반과학소설half science fiction. 이 소설은 두 명의 화자가 팔레스타인을 방문하여 현대적인 유대 국가를 만들어 가는 과정을 그리고 있다. 그곳에 점차 인구가 늘어나고 현대적인 기술과 관개 시설을 갖춘 이상적인 국가가 만들어지게 되는데, 거기서는 모든 여성들이 일할 수 있는 기회를 갖게 되고, 교육은 무료이며, 범죄자는 징벌하는 대신 재교육을 시키고, 관용이 법원의 원칙이 되고, 완전한 정교분리를 갖춘 국가가 형성된다. "나그네가 우리처럼 집같이 느끼는 곳이 되어야만 한다." 이것이 그가 마지막으로 그려 보인 유대 국가의 모습이었다.

** 조상 대대로 프랑크푸르트의 유대인 지역 게토에 거주한 마이어 로트쉴트(로스차일드의 독일식 발음)로부터 유래하여 300년의 번영을 자랑하는 세계 최대의 금융 왕국을 건설한 유대인 집안.

*** 영국이 "팔레스타인에 유대인을 위한 민족국가 수립을 지지한다"고 선언한 것

을 받게 되었다. 헤르츨은 시온주의자 세계기구의 의장으로서 팔레스타인에 땅을 구입하기 위한 유대인 은행과 기금을 설립했다. 1948년, 그의 죽음(1904) 이후 40여년이 지나서 그의 필생의 목표인 이스라엘 국가의 창설이 실현되었다.

우리의 지금 이 판본은 초판(Leibzig & Wien, 1896)에 기초하여 그것의 철자법과 구두점만을 조심스럽게 현대화한 것이다.

(1917. 11. 2). 이 선언은 영국 외무장관인 제임스 밸푸어가 영국계 유대인 지도자인 라이어널 월터 로스차일드(제2대 로스차일드 남작)에게 보낸 서한에서 이루어졌다. 밸푸어 선언은 런던의 시온주의 지도자인 카임 바이츠만과 나훔 소콜로프의 끈질긴 노력이 낳은 결실이었지만, 이 선언이야말로 유대인을 위한 권리장전Magna Carta이자 잃어버린 조상들의 '약속의 땅'을 다시 찾고자 하는 시온주의자들의 꿈을 국제법이 처음으로 인정해 주는 사건이었다.

# 헤르츨 연대기

1860년 5월 2일. 볼프 테오도르 헤르츨, 부다페스트에서 야콥 헤르츨
과 자네트 헤르츨의 아들로 태어남.

1885년 5월 27일. 빈의 일간지인『노이에 프라이에 프레세*Neue Freie
Presse*』(신자유신문)의 문예란을 처음으로 편집.

1894년 10월 21일. 드레퓌스 체포.

1894년 10월 21~11월 8일.『새로운 게토*Das neue Ghetto*』를 씀. 이는
유대인 문제에 관한 자신의 생각을 표현하기 위한 시도이다.

1895년 6월 2일. 히르쉬 남작과의 인터뷰에서 정치적 행동을 위한
계획을 제안하지만 호의적으로 받아들여지지 않는다. 이는
그의 시온주의 운동의 시작을 가리킨다.

1895년 6월~7월.『유대 국가』의 최초의 초고 작성.

1895년 11월 17일. 파리에서 시온주의 지도자인 노르다우Nordau 박사
에게 유대 국가 이념을 설명. 노르다우는 헤르츨에게 쟁월

Zangwill과 런던의 매커비언 클럽London Maccabean Club을 소개.

1895년 11월 21일. 런던에서 쟁윌과 처음으로 만남.

1895년 11월 24일. 런던의 매커비언 클럽에서 최초의 강연을 행함.

1896년 2월 14일. 라이프치히와 빈에서 『유대 국가』 출판.

1896년 5월. 헤르츨은 빈의 시온주의 학생들에 의해 지도자로 인정된다.

1896년 7월 13일. 런던의 화이트채플Whitechapel 유대인 모임에서 유대인 사회의 지도자로 선언됨. 초베비 시온Chovevei Zion과의 갈등.

1896년 7월 18일. 파리에서 헤르츨의 계획이 실현 가능성이 없다고 생각하는 에드먼드 로스차일드 남작과 회합.

1896년 11월 8일. 영국 시온주의자들에게 서한을 보내 민족 기금의 모금을 제안.

1897년 3월 6일. 시온협회Zionsverein가 8월 25일 뮌헨에서 시온주의자 회의를 개최할 것을 결정.

1897년 6월 4일. 『세계Die Welt』의 첫 번째 이슈를 출판.

1897년 6월 17일. 시온주의자 행동 위원회가 바젤에서 회의를 개최할 것을 결정.

1897년 8월 29~31일. 제1차 시온주의자 회의가 바젤에서 모인다.

1898년 8월 28~30일. 제2차 시온주의자 회의가 바젤에서 개최된다.

1898년 10월 26일. 헤르츨 당파가 자파Jaffa에 도착하여 팔레스타인의 유대인 정착지들을 둘러본다.

1898년 11월 2일. 예루살렘 외곽의 사령부에서 독일 황제를 공식적으로 알현하여 식민지 건설 문제를 논의.

1899년 3월 20일. 유대인 식민 트러스트 회사Jewish Colonial Trust, Ltd.의 명칭을 등록.

1899년 8월 15~17일. 제3차 시온주의자 회의가 바젤에서 개최된다.

1900년 8월 2일. 제4차 시온주의자 회의가 런던에서 열린다. 헤르츨은 심각한 병에서 겨우 회복되었지만 회의에 참석한다.

1901년 5월 18일. 일디즈 키오스크에서 압둘 하미드 2세를 공식 알현. 헤르츨은 친-유대인 선언을 약속받는다.

1901년 12월 29~31일. 제5차 시온주의자 회의가 바젤에서 모인다. 헤르츨과 러시아의 '문화적' 시온주의자 간의 갈등. 민족 기금을 논의.

1902년 2월 17일. 콘스탄티노플에서 술탄이 헤르츨에게 특허를 제안하지만, 팔레스타인에 대한 것은 아니다.

1902년 7월 5일. 런던에서 로스차일드 경과 회의.

1902년 7월. 런던에서 헤르츨은 왕립 외국 이민 위원회에 출석.

1902년 10월. 『오래된 새로운 땅*Altneuland*』을 출간.

1903년 1월. 엘 아리쉬El Arish 원정을 조직.

1903년 5월 11일. 엘 아리쉬 식민화 허가를 이집트가 거부.

1903년 8월 16일. 빌나에서 열렬한 환영을 받음. 거기서 우간다를 제안하는 영국 외무부의 클레멘트 힐 경의 서한을 받는다.

1903년 8월 22~28일. 제6차 시온주의자 회의가 바젤에서 개최. 우간다 논쟁.

1904년 7월 3일. 테오도르 헤르츨 사망.

# 옮긴이의 말

　도서출판 b의 'b판고전 시리즈'의 제4권으로 출간되는 이 『유대
국가 ― 유대인 문제의 현대적 해결 시도』는 『유대 국가』의 수많은
판본 중 Theodor Herzl, *Der Judenstaat* ― *Versuch einer modernen Lösung
der Judenfrage*, Manesse Verlag, Zürich, 1988을 우리말로 옮긴 것입니
다. 번역의 저본이 된 이 판본은 초판(Leibzig & Wien, M. Breitensteins
Verlags-Buchhandlung, 1896)에 기초하여 그것의 철자법과 구두점만을
현대화한 것입니다. 옮긴이는 번역에 있어 1988년에 도버Dover 출판
사에서 나온 영역본을 참조하기도 했습니다만, 영역본이 지니는 해석
으로서의 번역 기능에서 유래한 이해하기 쉬운 구문론적 구조에도
불구하고 가능한 한 독일어 원본에 충실하게 옮기고자 했습니다. 물
론 옮긴이가 의도한 충실성이 번역에서의 되통스러움으로 비치지
않도록 나름대로 원활한 독해 가능성을 위해 노력했습니다.
　나아가 옮긴이는 독자들이 읽어나갈 때 문맥을 파악하는 데 도움이

될 수 있는 여러 개별 사항들에 대해서는 짧은 주해들을 덧붙였습니다. 체계적인 연구에 토대한 것들은 아니지만, 독자들에게 도움이 되길 바랄 뿐입니다. 또한 옮긴이는 '헤르츨의 간략한 전기' 뒤에 따로 '헤르츨 연대기'를 덧붙임으로써 이 『유대 국가』가 놓인 역사적 맥락이 좀 더 포괄적으로 이해될 수 있도록 하였습니다. 이것도 역시 쓸데없는 것이 아니기를 바랍니다. 한편 번역에서 **고딕체**로 표시된 것들은 원문에서 이탤릭체로 강조되어 있는 것들입니다. 본문 중의 위첨자로 표시된 각괄호 속의 숫자들은 번역 저본의 쪽수를 가리킵니다.

잘 알려져 있는 것처럼 헤르츨의 이 『유대 국가』는 이른바 정치적 시온주의의 출범을 알리는 그야말로 역사적인 저작입니다. 유럽에서 이른바 유대인 문제를 반유대주의적인 방식으로 해결할 것을 요구받고 있던 시대에 드레퓌스 사건을 겪게 된 헤르츨은 독립적인 유대 국가를 위한 변론인 이 『유대 국가 — 유대인 문제의 현대적 해결 시도』를 집필하게 되었습니다. 여기서 그는 유대인의 고난과 유대인 문제의 단적인 현실, 유대인 해방의 사회적 · 정치적 기만성, 영토와 주권을 지닌 독립적인 유대 국가 창설의 당위성과 현실성, 그리고 유대 국가 창설을 위한 대내외적인 과제들과 그 기관으로서의 유대인 협회와 유대인 회사 및 지역 집단들의 역할과 기능, 나아가 일이 진행되어 나가야 할 순서와 절차 등등의 문제를 당시의 현대적인 의식에 기초하여 설득력 있게 해명, 전개하고 있습니다. 그리하여 헤르츨은 정치적 시온주의의 창시자가 되었고, 이러한 정치적 시온주의 운동은 그 후 50년 만에, 우리가 잘 알고 있듯이, 현대 이스라엘 국가의 성립으로 이어졌습니다. 따라서 유대 민족 일반과 특수하게는 이스라엘에 관해 잘 정초된 견해를 형성하고자 하는 모든 이들에게 이『유대 국가』에 대한 독해는 포기할 수 없는 일일 것입니다. 또한 현재의 중동 문제 일반이나 특별하게는 이스라엘과 팔레스타인의 대립과 갈등이라는 그야말로 절실한 세계적 과제들에 접근하기 위해서도 이『유대 국가』에 대한 이해는 핵심적인 의의를 지니는 것이라 할 수 있을 것입니다.

옮기는 작업 도중 많은 이들이 철학을 공부하는 옮긴이가 뜬금없이 왜『유대 국가』를 번역하고 있는지를 물어 왔습니다. 이에 관해 말씀 드리자면, 무엇보다도 우선 b판고전 시리즈를 기획하던 출판사의 조기조 대표가 이『유대 국가』가 지닌 현대의 정치철학 내지 정치신학 적인 의의를 들어 이 저작이 그 시리즈에 포함될 수 있는지에 관해 상의해 왔을 때 옮긴이가 그에 찬성했다고 하는 것입니다. 그러나 그때 옮긴이에게 그보다 더 중요했던 것은 너무도 중요한 역사적 의의를 지니는 이 저작이 아직 한 번도 우리말로 번역되어 있지 않다 고 하는 아연한 사실을 깨닫게 된 것이었는데, 그렇게 느껴진 까닭은 제게는 이『유대 국가』가 어린 시절부터 아주 친숙한 저작이었기 때문입니다. 교회와 가정에서『성경』공부를 할 때마다 이『유대 국 가』는 심심찮게 거론되며 이 시대를 분간하는 핵심적인 징표로서 제게 주어졌던 것입니다. 그래서 조기조 대표가 이『유대 국가』를 b판고전 시리즈의 하나로서 제안했을 때, 그것은 제게 운명처럼 주어 진 사명으로 여겨졌던 것입니다. 그런 의미에서 옮긴이로서는 우리말 로 옮겨진 이『유대 국가』가 많은 독자들을 만나는 보람 있는 것이

되기를 바랄 뿐입니다.

제게 번역의 기회를 제공하고 이런저런 일들로 늦어지는 작업을
너그럽게 기다려 준 도서출판 b의 조기조 대표에게 감사드립니다.
그리고 『헤겔사전』 이래로 그 많은 작업들에서 그야말로 헌신적인
방식으로 편집상의 탁월한 역량을 발휘해 주는 편집부의 백은주, 김
장미 두 선생에게도 마찬가지로 감사드리지 않을 수 없습니다. 그러
나 이번만큼은 존경하고 사랑하는 저의 부모님, 이형구 목사님과 김
순애 권사님께 이 작은 번역 작품을 바치고자 합니다. 두 분께서는
번역 작업을 격려하며 기도하시는 가운데 이 『유대 국가』의 출간을
기다려 주셨지만, 그 무엇보다도 두 분이 지니신 새 하늘과 새 땅에
대한 소망과 주님과 그의 나라가 어서 오시기를 기도하시는 그 간절
한 갈구는 또한 제 것이기도 할 것이기 때문입니다.

2012년 늦가을
옮긴이 이신철

# 찾아보기
## | 구미어 색인 |

# 찾아보기
| 우리말 색인 |

ⓒ 도서출판 b, 2012

# 유대 국가

초판 1쇄 발행 2012년 11월 26일
     2쇄 발행 2023년 11월 26일

지은이 테오도르 헤르츨
옮긴이 이신철
펴낸이 조기조

펴낸곳 도서출판 b
등  록 2003년 2월 24일 제2006-000054호
주  소 08772 서울시 관악구 난곡로 288 남진빌딩 302호
전  화 02-6293-7070(대) 팩시밀리 02-6293-8080
홈페이지 b-book.co.kr 이메일 bbooks@naver.com

ISBN 978-89-91706-58-3    93230

정가_11,000원

* 잘못된 책은 교환해 드립니다.